地方智库报告

乡村治理的盂县样本

The Practice of Rural Governance in Yuxian County

肖唐镖　余泓波　等著

中国社会科学出版社

图书在版编目(CIP)数据

乡村治理的盂县样本 / 肖唐镖等著. —北京：中国社会科学出版社，2024.3

ISBN 978-7-5227-3328-9

Ⅰ.①乡… Ⅱ.①肖… Ⅲ.①乡村—社会管理—研究—盂县 Ⅳ.①D638

中国国家版本馆 CIP 数据核字(2024)第 057864 号

出 版 人	赵剑英
责任编辑	王　琪
责任校对	杜若普
责任印制	王　超

出　　版	中国社会科学出版社
社　　址	北京鼓楼西大街甲 158 号
邮　　编	100720
网　　址	http://www.csspw.cn
发 行 部	010-84083685
门 市 部	010-84029450
经　　销	新华书店及其他书店
印　　刷	北京君升印刷有限公司
装　　订	廊坊市广阳区广增装订厂
版　　次	2024 年 3 月第 1 版
印　　次	2024 年 3 月第 1 次印刷
开　　本	710×1000　1/16
印　　张	14
插　　页	2
字　　数	184 千字
定　　价	69.00 元

凡购买中国社会科学出版社图书，如有质量问题请与本社营销中心联系调换
电话：010-84083683
版权所有　侵权必究

《阳泉市抓党建促基层治理能力提升专项行动创新成果丛书》编委会

主　　　编：周庆智

编委会成员（以姓氏笔画为序）

　　　　　　马宝成　王　茵　王炳权　王敬尧

　　　　　　孔繁斌　张小劲　张明军　周庆智

　　　　　　赵树凯　党国英　崔智林　景跃进

编　　　务：刘　杨　王　琪

目　　录

导　论 …………………………………………………… （1）

第一章　村级治理的新近实践与挑战 ………………… （12）
　　第一节　优化村级队伍，提升组织能力 ………… （12）
　　第二节　织密基层网格，创新社会治理 ………… （17）
　　第三节　规范权力运行，营造清廉乡村 ………… （20）
　　第四节　乡村治理的现实挑战 …………………… （23）
　　第五节　乡村治理改革的若干建议 ……………… （33）

第二章　"村改居"及其治理难题 ……………………… （38）
　　第一节　盂县的"村改居"基本状况 …………… （40）
　　第二节　村民的"村改居"态度分析 …………… （44）
　　第三节　推进"村改居"可能面临的约束性
　　　　　　条件 …………………………………… （48）
　　第四节　"村改居"应注意的治理难题 ………… （60）
　　第五节　结论与建议 ……………………………… （69）

第三章　积极发展农村优秀人才入党 ………………… （76）
　　第一节　新时期农村党员发展工作的结构性
　　　　　　难题 …………………………………… （76）
　　第二节　值得肯定的若干探索性经验 …………… （80）

第三节　农村党员发展的初步成效 …………………… (84)
　　第四节　农村党建工作的群众评价 …………………… (92)
　　第五节　新时期农村党员发展的新挑战与建议 ………… (96)

第四章　强化农村党员的身份意识与先锋作用 …………… (99)
　　第一节　农村党员身份意识与作用发挥的现状 ……… (100)
　　第二节　影响农村党员身份意识与作用发挥的
　　　　　　主要因素 ……………………………………… (104)
　　第三节　盂县党员管理工作的探索：党员积分制的
　　　　　　进展与经验 …………………………………… (108)
　　第四节　激发党员身份意识、促进党员作用发挥的
　　　　　　对策 …………………………………………… (115)

第五章　着力培育与使用乡村人才队伍 ………………… (121)
　　第一节　乡村人才队伍基本状况 ……………………… (121)
　　第二节　乡村人才队伍建设的实践 …………………… (127)
　　第三节　盂县乡村人才引育留用的影响因素 ………… (130)
　　第四节　盂县乡村人才引育留用的对策 ……………… (138)
　　第五节　中部资源地区乡村人才工作的反思 ………… (147)

第六章　法治乡村与乡镇行政执法改革 ………………… (151)
　　第一节　基层现行行政执法体制及其实践 …………… (154)
　　第二节　综合执法改革的探索实践 …………………… (157)
　　第三节　乡镇综合执法改革中的难题 ………………… (169)
　　第四节　综合执法改革的破题与深化建议 …………… (171)

附　录 ……………………………………………………… (181)
　　一　盂县县级干部访谈提纲介绍 ……………………… (181)
　　二　盂县乡镇干部访谈提纲介绍 ……………………… (191)

三　盂县村民/村干部调查问卷 …………………………（194）

参考文献 ……………………………………………………（210）

后　记 ………………………………………………………（213）

导　论

在我国推进乡村治理体系与治理能力现代化的过程中，多样态的区域差异与复杂化的基层现实，客观要求各地的治理创新应具有一定的特殊性和多样性。立足于此，本书旨在以山西省阳泉市盂县为个案，本着科学研究的立场与方法，聚焦其乡村治理实践，探讨中西部地区基层治理中若干值得重视和解决的重大问题，并进行初步的政策分析与理论思考。

一　乡村治理的新形势

以 20 世纪八九十年代农村改革为基础，近几十年来我国农村进入新的改革和发展时期。2003 年，公共财政覆盖农村被正式提到政策层面。2004 年后，中央连续实施包括全面取消农村税费等在内的多项强农惠农利农政策。党的十八大以来，乡村建设与治理更是进入新的快车道。

一方面，以新农村建设、美丽乡村、扶贫攻坚和民生服务进乡入村为重点，全面推进乡村建设事业。党的十九大提出实施乡村振兴战略。《中共中央、国务院关于实施乡村振兴战略的意见》（〔2018〕1 号）全面规划了 33 年乡村发展的总体方案，提出三个阶段的工作目标：至 2020 年，乡村振兴的制度框架和政策体系基本形成；至 2035 年，乡村振兴取得决定性进展并基本实现农业农村现代化；至 2050 年，乡村全面振兴，农业强、农村美、农民富的目标全面实现。2021 年 2 月，中共中央、国务院发布《关于全面推进乡村振兴加快农业农村现代化的意见》，要求举全党全社会之力加快农业农村现代化，让广大农民过上更加美好的生活。2022年5月，中共中央办公厅、国务院办公厅印发《乡村建设行动实施方案》，提出要坚持农业农村优先发展，把乡村建设摆在社会主义现代化建设的重要位置，顺应农民群众对美好生活的向往，以普惠性、基础性和兜底性民生建设为重点，强化规划引领，统筹资源要素，动员各方力量，加强农村基础设施和公共服务体系建设，建立自下而上、村民自治、农民参与的实施机制，既尽力而为又量力而行，求好不求快，干一件成一件，努力让农村具备更好的生活条件，建设宜居宜业美丽乡村。

另一方面，以全面加强党对农村工作的全面领导、健全农村治理结构为中心，推进乡村治理体系和治理能力的现代化。党的十八届三中全会提出推进国家治理体系与治理能力现代化这一全面深化改革的总目标后，乡村治理得到前所未有的重视。自治、法治与德治"三治融合的乡村治理体系"被正式载入党和政府的政治文件，成为正式的政策主张。2019年6月，中共中央办公厅、国务院办公厅印发《关于加强和改进乡村治理的指导意见》。同年8月，中共中央印发并实施《中国共产党农村工作条例》，要求坚持党对农村工作的全面领导，健全党领导农村工作的组织体系、制度体系和工作机制，加快推进乡村治理体系和治理能力现代化。2019年10月，党的十九届四中全会审议通过了《中共中央关于坚持和完善中国特色社会主义制度 推进国家治理体系和治理能力现代化若干重大问题的决定》，要求坚持和完善共建共治共享的社会治理制度，构建基层社会治理新格局。2021年4月，中共中央、国务院颁发《关于加强基层治理体系和治理能力现代化建设的意见》，提出：力争用5年左右时间，建立起党组织统一领导、政府依法履责、各类组织积极协同、群众广泛参与，自治、法治、德治相结合的基层治理体系,健全常态化管理和应急管理动态衔接的基层治理机制,构建网格化管理、精细化服务、信息化支撑、开放共享的基层管理服务平台;党建引领基层治理机制全面完善,基层政权坚强有力,基层群众自治充满活力,基层公共服务精准高效,党的执政基础更加坚实,基层治理体系和治理能力现代化水平明显提高。在此基础上,力争再用10年时间,基本实现基层治理体系和治理能力现代化,中国特色基层治理制度优势充分展现。

在高密度政策的高位推动下,乡村建设作为国家建设之"根基"得到进一步的夯实。党的十八大以来,国家进一步加大农村基础设施投资力度,重点推进水电路讯等方便群众生产生活的基础设施建设,农村基础设施诸条件明显改善;大力推进农村环境整治,乡村环境从干净整洁向美丽宜居转变,农村面貌和人居环境持续向好。截止到2021年末,87.3%的村通公共交通;99.1%的村进村主要道路路面为水泥或柏油;97.4%的村内主要道路路面为水泥或柏油;99.0%的村通宽带互联网;94.2%的村安装了有线电视。有电子商务配送站点的村超过33万个,开展休闲农业和乡村旅游接待的村落近5万个,农村生产生活条件显著改善。96.3%的村生活垃圾集中处理或部分集中处理;农村厕所革命扎实推进,农村改厕工作质量持续提升,农村卫生户厕普及率达77.5%;47.6%的村生活污水集中处理或部分集中处理。① 总体而言,我国农村虽在基础设施、公共服务、人居环境等方面仍存在薄弱环节,但其"物理硬件"得到全面改善,乡村产业、经济发展与民众生活水平有了显著提高,乡村基本面貌发生了历史性改变,

---

① 《农业发展成就显著 乡村美丽宜业宜居——党的十八大以来经济社会发展成就系列报告之二》,中华人民共和国中央人民政府网站(http://www.gov.cn/xinwen/2022-09/15/content_5709899.htm,2022年9月19日访问)。

乡村出现了繁荣的景象，相当部分地区已出现城乡不分也难分的局面。

二 盂县研究的样本价值

盂县，隶属山西省阳泉市，地处山西省东部、太行山西麓，东与河北省平山县、井陉县和山西省平定县接壤，西临山西省阳曲县，南连寿阳县与阳泉市郊区，北靠五台县与定襄县。该县拥有得天独厚的人文地理优势，是收养"赵氏孤儿"的"忠义之乡"，也是晚清"保路保矿运动"的发起地，还曾是"百团大战"的主战场；其全域夏季气候凉爽，是名副其实的"大凉都"，闻名遐迩的藏山风景区就在该县。全域面积2514.4平方千米，下辖8个镇、5个乡和1个城镇办事处，共辖277个行政村和11个社区居民委员会。2021年底，全县常住人口为279168人，其中城镇常住人口138371人，乡村常住人口140797人，城镇化率为49.57%。①

盂县有着中西部地区县域的一般特点。比如，产业与财政较为薄弱，2019年，国内生产总值129.2797亿元，其中第一产业生产总值3.8008亿元（占全县国内生产总值的3%，远低于国内16%的水平），第二产业生产总值69.2423亿元，第三产业生产总值56.2366亿元。粮食产量132761吨，比上年减少15.0%。财政总收入18.1437亿元，其中公共财政预算收入8.6286亿元；公共财政预算支出26.94035亿元。人均国内生产总值39796万元。农村居民人均可支配收入15349元。

2019年，盂县全面完成了农村集体产权清产核资、成员界定、折股量化、成立集体经济组织等工作，但与中西部地区不

---

① 《盂县2021年国民经济和社会发展统计公报》，2022年6月24日（http://www.sxyx.gov.cn/ztzl/zdgkjbmu/tjxx/202206/t20220624_1355852.shtml）。

少县市一样，依然存在核心而高效产业匮乏，以致村集体经济"空壳"、发展乏力等问题。在36个样本村庄中，负债的行政村占比超过一半（64.7%），村均负债100万元左右。而从村集体独立偿还债务的能力情况来看，不能独立偿还债务的村集体占比超过了一半（54.4%）。

盂县地广人稀，人口外流较为严重，存在较为普遍的乡村"空心化"现象。如在我们调研的36个村庄中，村庄人口的平均在村率仅为49.13%，在村人口占比超过50%的仅有15个，占比在60%及以上的仅有9个。在这些村随机抽取的799名在村村民中，50岁以下的村民仅占26%，60岁以上的村民占比高达49.7%，40岁以下的村民极少。

在前几年撤乡并村等的基础上，2019年盂县继续大幅度合并村委会，即采取就近合并、强弱合并、中心村带边缘村等方式，将443个村委会合并为277个，减少166个。与此同时，当地还实施了大规模的"撤点并校"。2000年全县有小学500余所，2004年开始便逐年锐减，至2014年减至130所，2022年初仅余63所。我们对村民的抽样调查结果显示，其孩子或孙辈在村里读小学或初中的，占比为24.5%；在乡镇所在地读小学或初中的，占比为24.3%；在县城及以上地区读小学或初中的，占比高达51.2%。

上述问题相互叠加，共同导致盂县面临同国内多数地区，尤其是中西部地区极为相近的治理难题。比如，乡村经济尤其是集体经济薄弱，难以提供必要的工作和就业机会，加上"撤村并校"，导致人口大量外流和乡村"空心化"；而乡村人口的"空心化"，又进一步影响经济活力，加剧乡村人才与村干部来源的匮乏，影响农村党员发展和党员作用的发挥，影响村干部队伍建设，影响村民参与，进而全面影响乡村治理的整体格局。受财政、人才和技术等多种因素的制约，盂县乡村治理中所应用的技术手段依然较落后，多使用传统的管理方式，尚未形成如国内东部和发达地区业已成型的"智慧治理"格局。更重要的是，盂县东南西北的区域在资源禀赋、生态环境、产业结构与居民语言习惯等方面，均存在明显的多样性和差异性，如既有农业区也有山区，还有煤炭资源开采区。其内部巨大的多样性和差异性极具研究价值，为多样性乡村治理研究提供了理想样本。由此可见，作为正在寻求全面发展、治理转型的县域，盂县所遇到的治理难题尽管有一些是具有本县特色的难题，如采煤开采区尤其是沉陷区乡村的治理困境，但更多的是普遍性难题。

可喜的是，针对乡村和基层治理中的诸多难题，近些年来盂县党委、政府积极探索，以党建为抓手，着力打造党建引领基层治理的新格局，提升全县基层治理体系与治理能力现代化的水平。显然，科学而系统地评估与总结盂县基层治理的经验与挑战，有助于为探索和完善中国国家和地方治理理论体系贡献智慧，有助于优化和完善我国乡村治理体系与现代化的政策体系，推动我国乡村治理体系与治理能力的现代化。

有鉴于上述考量，本书选择乡村治理中的若干重大议题，对盂县实践进行有合有分的专题研究。研究的具体内容如下。

第一章"村级治理的新近实践与挑战"，系统探讨盂县村级治理的实践、经验及挑战。当地在优化村级组织队伍、织密基层网格、营造清廉乡村等方面探索创新机制与工作办法，积累了较为丰富的实践经验。不过，也面临一些现实挑战，其中既有本地特有的难题，如采煤沉陷区的治理难题，也有全国性的普遍难题，如"空心村"治理、乡村治理行政化与基层行政负担过重的问题。盂县已出现普遍存在于中西部地区的治理格局，如村民和社会力量参与相对不足；自上而下的行政化色彩日浓；治理成本高企，极费财力与人力。该县虽仅对村主职干部（村党支部书记、村民委员会主任）实行全职管理，并由财政承担这部分村干部及村会计、专职网格员的"工资报酬"，但额度也超千万元。

第二章"'村改居'及其治理难题"。城市化及其对中国治理的挑战，已经并将在相当长时期成为一个不可回避的重大难题。在当下中国，除了产业扩张、升级等驱动方式外，"村改居"的区划调整与居民身份转换也是城镇化的基本路径。不同于境外国家，中国农民的市民化和农村的城市化，不仅是职业（生产）和生活方式的转型、居住地区与人口规模的变化，更是身份和权利系统以及治理方式的变化。实际上，出于对城乡社区管理、发展条件、生活条件、社会保障等方面的需求，盂县多数村民希望进入城镇生活，但由于土地、生计与生活成本、观念与习惯等因素的影响，也有相当部分民众并不希望进行"村改居"。在推动"村改居"过程中，应该高度关注城乡二元结构下的城乡差距及其深层原因，关注农民身份转变及其权利系统的变迁，关注城乡社会治理体系与治理方式之间的过渡与衔接。为此，应该切实发挥村民自主性，充分尊重村民意愿；实施渐进推进策略，平稳实现"村改居"的过渡；公平分配土地收益，兼顾农民的当前利益和长远利益；确保社会保障落实到位，加快农民市民化步伐；推动社区文化建设，打造社区共同体意识。

第三章"积极发展农村优秀人才入党"。基层党组织作为基层治理中的核心领导力量，其功能作用离不开高素质党员队伍的健康壮大。然而，长期以来，与城镇地区、其他社会阶层相比，农村党员发展难一直是一个普遍性难题，尤其是在中西部地区农村。近年来为破解这一难题，盂县积极探索，如：通过壮大集体经济和动员优秀青年回村任职，缓解"留守型农村"的青年人才缺乏问题；通过成立和培育乡镇青年人才支部、发挥下派书记作用，破解"否决型支部"的党员发展障碍；依托"党支部书记星级化管理"和"党员积分管理"办法及其配套措施，实现乡村党组织日常管理的规范化，提升党支部开展工作的积极性和能动性。这些做法已收到显著成效，当地农村党员队伍特别是党支部班子进一步年轻化，村民对党组织的政治信任和入党意愿得到提升。近十年来，盂县农村党员发展状况总体良好，45岁以下和大专以上学历党员在当年全县农村新发展党员总数中的比重都呈现出总体上的上升趋势，全县党员发展具有明显的年轻化和知识化的特征。

承接上一议题，第四章研究"强化农村党员的身份意识与先锋作用"。众所周知，农村基层治理需要党组织引领方向、汇聚力量，需要党员队伍发挥先锋模范作用。强化农村党员的身份意识、充分发挥先锋模范作用，不仅是农村基层党组织建设的应有之义，也是乡村振兴与治理现代化的关键问题。但在实践中，部分党员身份意识弱化、宗旨意识不强，未能发挥先锋模范作用的现象却较为突出。近年来，盂县积极探索实施党员积分管理工作，着力解决农村党员"活动难组织、队伍难管理、作用难发挥"等难题，取得了良好的效果。不过，农村党员管理工作仍存在进一步提升的空间，如优化积分管理制度及其操作程序；进一步发扬党内民主，强化党员身份意识与心理认同；坚持群众路线，拓展党员作用发挥的多元路径；严守党内法规，强化党员权利、义务的现代观念。

乡村振兴有赖于人才振兴。如果缺乏一支含多种类型的人才队伍的组织、领导与牵引，乡村振兴就将是空话。第五章集中讨论"着力培育与使用乡村人才队伍"问题。在中西部地区农村，人才队伍的不足与匮乏问题较为普遍。盂县乡村人才队伍也存在人员不足、年龄老化、技术水平不高等问题，同时存在招才引智困难，高层次人才"引不来"，专业性人才"招不到"，甚至"边招边走"等问题。为此，应当因地制宜，采取适宜于自身的政策工具，积极培育和使用人才，如精准化发展产业，以产业发展驱动人才回归；精准激发市场活力，着力推动富民工程；精准推动人才扶持政策，差异化引人育人；应当精准发力，针对不同类型的人才分类施策，集中优势资源以点带面地提升乡村人才工作。同时，更应注重法治政府与诚信政府建设，优化人才发展环境建设。

法治是乡村治理的核心价值，也是其重要路径。法治乡村建设是一项系统工程，既要有"民"的视角，也要有"政"的视角。行政执法连接了"民"与"政"，一方面，行政执法内含普法；另一方面，行政执法的前提是政府权力运行本身是合法的，是法治政府建设的关键。行政执法也直接关系着社会秩序，是乡村法治建设的关键点，第六章从"法治乡村与乡镇行政执法改革"视角对其进行讨论。众所周知，长期以来乡镇政府并无行政执法权，存在"看得见的管不到""管得到的看不见"的结构性困境，严重制约着乡村法治建设。在盂县，乡镇行政执法采用的是"派出＋协助"执法模式，即由县直部门的派出机构执法，乡镇协助。2019年中共中央办公厅、国务院办公厅印发《关于推进基层整合审批服务执法力量的实施意见》，明确要求执法权下沉，实施乡镇综合执法改革，在乡镇层面上构建一支队伍管执法模式。积极响应这一政策号召，盂县启动乡镇综合执法改革，现已取得初步进展，但也遇到国内多数地方所面临的共同难题，即"权"与"人"的问题，尚待进一步改革和完善。

三 调研过程与方法

本书所用的资料和数据，主要来自2022年7月16日至8月1日对盂县的实地调研。具体的调查过程和方法如下。

参与本次调查的成员共有46人，分成7—9个调查小组，由有经验的高校教师带队，分别至组织部、纪监委、政法委、宣传部、人才办、发改委、民政局、城镇社区办事处、农业农村局、住房和城乡建设局、统计局、司法局、市场监督管理局、生态环境局、文旅局、交通运输局、农业农村局、人社局、教育局、自然资源局、乡村振兴局等20余个县直部门，进行访谈，了解县级层面及其上级的政策制定及落实情况，搜集相关文献资料，把握全县在乡村治理方面的宏观情况与政策发展。

在全县13个乡镇中，我们选择12个进行重点调查，由6个调查组分别进驻2个乡镇开展调查工作。在乡镇，先对乡镇党委、政府负责人，各部门负责人进行访谈，完成"乡情调查"，了解本乡镇推进乡村治理的实践状况。然后，在各乡镇按"好、中、差"标准，分别选取3个村委会进行蹲点调查，对总计36个村展开调查工作。

在各村，我们进行了全面性的村情调查。并根据村庄人口数据库，以18—80岁村民为母体样本进行系统抽样，每村完成20位村民的入户问卷调查，同时完成3位村干部的问卷调查。

经由上述现场观察、文献搜集、深度访谈、座谈讨论和问卷调查等方法，我们搜集到的资料主要包括：一是有关乡村治理的政策文件、档案台账与工作报告；二是针对县、乡（镇）、村三级干部的大量访谈与座谈资料；三是12个乡（镇）、36个村治理的数据库，以及799位村民和村干部的问卷数据库。

表0-1　　　　　　　　村民和村干部样本的基本情况

变量	值	频率	百分比（%）
性别	男	389	48.7
	女	410	51.3
年龄	70岁及以上	160	20.0
	60—69岁	237	29.7
	50—59岁	213	26.7
	40—49岁	104	13.0
	30—39岁	50	6.2
	39岁及以下	35	4.4

续表

变量	值	频率	百分比（%）
受教育程度	文盲	82	10.2
	私塾	4	0.5
	小学	262	32.8
	初中	317	39.7
	职高	2	0.3
	普高	72	9.0
	中专	27	3.4
	成教大专本科	16	2.0
	全日制大学以上	17	2.1
身份	村民	702	87.9
	村干部	97	12.1
政治面貌	共产党员	103	12.9
	入党积极分子	5	0.6
	群众	691	86.5

注：本表百分比数据为四舍五入所得，余同。

如表0-1所示，在接受问卷调查的村民（和村干部）问卷中，男性村民占48.7%，女性村民占51.3%。在年龄分布中，绝大多数受访者（76.4%）为50岁以上的中老年村民，49岁以下的村民仅占23.6%。小学及以下文化程度的受访者占43.5%，初中文化程度的村民占39.7%，两者合计达83.2%。普通村民占87.9%，村干部占12.1%。共产党员占12.9%，入党积极分子占0.6%，群众占86.5%。

第一章　村级治理的新近实践与挑战

推进国家治理体系和治理能力现代化是新时代党治国理政的战略导向和重大任务，而村级治理恰是国家治理的基石。党的十九大以来，党中央和国务院相继出台了《中共中央、国务院关于实施乡村振兴战略的意见》《关于加强和改进乡村治理的指导意见》《中共中央、国务院关于加强基层治理体系和治理能力现代化建设的意见》《乡村建设行动实施方案》等一系列政策文件，极大地推进了基层治理实践。近年来，盂县积极探索基层治理创新，以问题为导向，以党建为抓手，直面乡村治理中的难点、痛点、堵点，着力打造党建引领乡村治理的新格局。

盂县为构建乡村治理新格局，致力于优化村级队伍、提升组织能力，织密基层网格、创新社会治理，规范权力运行、营造清廉乡村，探索村级治理的创新机制与工作办法，积累了较为丰富的实践经验。然而，作为煤炭资源县和中西部农业县，盂县也遇到了采煤沉陷区与乡村"空心化"等治理难题。深入总结和分析其经验与挑战，对于中西部地区乡村治理具有重要的借鉴意义。

第一节　优化村级队伍，提升组织能力

如何处理好村党支部与村委会（下文简称村"两委"）之间的关系，一直是乡村治理实践中的关键性问题。为此，各地积

极探索多样化的治理经验，其中三种方案较为典型，即加强党支部权威基础的"两票制"，从结构上化解"两委"矛盾的"一肩挑"，"两委"分权与合作共事的"一制三化"。① 但自2018年以来，中央相继出台一系列政策文件，号召推行"一肩挑"方案，加强与巩固党在基层治理中的领导地位。2018年，《中国共产党农村基层组织工作条例》要求："村党组织书记应当通过法定程序担任村民委员会主任和村级集体经济组织、合作经济组织负责人，村'两委'班子成员应当交叉任职。"2020年12月，习近平总书记在中央农村工作会议的讲话中强调："乡村振兴各项政策，最终要靠农村基层党组织来落实。这些年，我去过很多村，发现凡是发展得好的，都有一个好支部、好书记。明年乡镇、村将集中换届，要早做谋划、采取措施，选优配强乡镇领导班子、村'两委'成员特别是村党组织书记。"②

在上述背景下，盂县通过借助村"两委"换届选举，选优配强村级组织队伍，进一步提升了基层治理能力。主要措施包括以下几个方面。

第一，加强组织领导。在全县层面，成立由县委书记、县长任双组长的村"两委"换届工作领导小组，建立组织、民政、纪检等18个部门参与的联动协调机制，并与13个乡镇逐一签订"责任状"，全面压实基层党委换届工作的主体责任，全面落实县级领导班子成员包乡联村、乡镇领导班子成员包村蹲点制度。在乡镇层面，以孙家庄镇为例，成立由党委书记任组长的换届选举领导小组，领导小组下设6个工作小组，分别负责选举政策指导、任职资格联审、违法违纪行为调查处理、应急维

---

① 景跃进:《当代中国农村"两委关系"的微观解析与宏观透视》，中央文献出版社2004年版，第81—175页。
② 习近平:《坚持把解决好"三农"问题作为全党工作重中之重 举全党全社会之力推动乡村振兴》，《求是》2022年第7期。

稳、风气巡回督导、分片工作指导等工作，制定本镇《2021年村"两委"换届选举工作细则》，明确工作计划与任务安排，采取领导包片、干部包村、两片合并选举等办法。

第二，加强宣传教育。首先，加强对镇村干部的宣传教育，确保其熟悉相关法律法规与政策要求，如在全县层面组织镇村干部学习中纪委、中组部关于换届选举的"十个严禁"、山西省委关于换届选举的"十五项负面清单"，组织党员干部观看换届警示教育片。其次，利用多种方式、多种渠道加强对普通村民的宣传教育，提升民众对换届选举工作的熟悉程度，保障民众的民主权利，如出动流动宣传车辆、张贴标语、制作墙体板报、发布新闻广播、充分利用融媒体公众平台、发放宣传画册等。

第三，加强人员储备。综合运用回引人才聘任、下派干部委任、后备力量选任等方式，引进高学历人才、机关事业单位退休干部及退伍军人等到村任职。按照年龄45岁以下、初中学历以上的标准，以行政村为单位，通过调查摸底，采取"村党支部推荐、乡镇党委审批、县委组织部审查"的方式，按优秀外出务工人才、外出创业人才和外出务工、创业大中专学生三个类别，分别建立全县农村外出优秀人才信息库，积极引导和动员他们返乡参选村"两委"干部。以路家村镇为例，该镇大力开展"人才回引"计划，通过县委组织部招聘大学生到村任职，2021年共招聘5名大学生村官，2022年继续招聘9名大学生村官，不断把年轻人吸引到基层，为一线工作注入活力。同时拓宽人选渠道，动员25名本科学历、35岁以下机关事业单位年轻干部到村任职，将有经济头脑，会当家、会管理、能创新、可致富的年轻人才选任到村干部职位。

第四，加强资格审查。2008年以来，盂县开始逐步探索实施村党组织书记、村民委员会主任"一肩挑"方案，但村民委员会主任并非党员的情况仍然广泛存在。2021年，针对此前问题，村"两委"换届选举工作进一步压实政策要求，采取"先党组织、后村委会"的换届流程,对候选人年龄、学历做出明确限制,严格进行资格联审,非党员以及存在负面记录的竞选人一律不允许参与竞选村委会主任。以路家村镇为例,该镇在"两推"和竞选人报名的基础上,结合候选人"十五项负面清单"的要求严格把关,再上报、提交县委、县政府11个部门进行资格联审。截至2021年11月,共联审223人,其中村党支部换届选举联审142人,不合格人员3人。针对不合格人员,镇党委分片包保,主动做好落选人的思想工作,确保换届顺利进行。

截至2021年11月,盂县全县277个行政村全部完成村"两委"换届选举工作。村委会换届共登记选民193616人,参加投票选民158353人,参选率达81.79%,全县277个村共选出村委会成员954人。

此次村"两委"换届选举取得了显著效果,主要表现在以下三个方面。首先,村"两委"班子成员年轻化程度明显提高。本届村委会班子成员平均年龄44.9岁,其中村委会主任平均年龄47.55岁,比上届降低3.45岁。新一届村级领导班子共有210名35岁以下年轻干部,35岁以下年轻干部比例比上届提升17.2%,175个村委会班子中至少有一名35岁以下的年轻干部。其次,村"两委"班子成员受教育水平明显提高。此次换届选举产生的村"两委"班子成员中,具有全日制本科及以上学历的成员17名,30岁以下、全日制大学本科及以上学历的高学历年轻干部11名。最后,女性干部及"一肩挑"比例大幅提高。村支书、村主任"一肩挑"村222个,占累计完成换届村数的80.14%,女性干部当选286人,其中当选主任18人,当选副主任9人,当选委员259人。

此外,盂县还通过探索村党组织书记星级化管理,出台《盂县村(社区)党组织书记星级化管理实施细则(试行)》,进一步完善对村党组织书记的考核与奖惩,提升村党组织书记队伍的工作能力与积极性。村党组织书记星级化管理制度旨在形成"考核定星、动态调整,以星定酬、持续激励"的长效管理机制。截至2022年5月,盂县已经完成对村党组织书记星级化的初次评定工作。全县277名村党组织书记参加了初次评定,共评选出六星级1名,五星级3名,四星级2名,三星级24名,二星级53名,一星级82名,不定星级112名(任职年限未满一年)。其具体措施及内容包括以下几个方面。

第一,评定星级。星级评定采取初次评定与年度动态调整相结合的方式进行。原则上评星工作在年度考核结束后1个月内完成。对任职满1年的村党组织书记,根据上年度考核结果、任职年限、奖励情况等,确定基础星级。基础星级确定后,根据每年考核结果、任职年限变化以及奖惩情况等,对星级实行动态调整,增加星级或降低星级。

第二,指标考核。年度考核被作为星级评定的基础和重要依据。每年年初,县委组织部围绕村党组织书记承担的职责及年度重点工作,牵头制订考核方案,确定考核指标及细则,乡镇党委负责组织实施。考核指标一般包括基层党组织建设、壮大村集体经济、乡村产业发展、人居环境改善、信访稳定工作、风险隐患管控、精神文明建设、村级民主管理以及其他重点工作等九个方面。年度考核通过量化考核、组织评价、群众评议等方式进行,按照一定权重相加形成总分。

第三,结果运用。星级评定结果被作为确定村党组织书记各项待遇的重要依据。对业绩突出、星级较高的村党组织书记,可采取业绩考核、组织考察等方式,通过专项招聘纳入乡镇事业编制,并继续在村工作,按照星级化进行管理。对业绩突出、星级较高,但因年龄、学历等因素不宜纳入乡镇事业编制的村党组织书记,可通过业绩考核、组织考察等方式,经县委批准,参照同等事业编村党组织书记核定报酬待遇。绩效报酬、养老保险、离任补贴等收入也将根据星级评定结果差异化缴纳和发放,业绩突出、星级较高的村党组织书记将被优先推荐参评各种荣誉表彰，而任期内星级较低的，则会受到县委组织部的诫勉。

民众对村委会选举的满意度是衡量村委会选举实践的重要评价指标。盂县民众对当地村委选举有着极高的评价，这在一定程度上体现出盂县在选优配强组织队伍工作上的出色成绩。调研中，我们向村民和村干部询问：总体而言，您对本地村委会选举是否满意？统计结果显示，超九成的受访者对村委会选举持满意态度，370名受访者对村委会选举比较满意，占比50.0%，316名受访者对村委会选举非常满意，占比42.7%；对村委会选举不满意的受访者比重非常低，仅有41名受访者对村委会选举不太满意，占比5.6%；13名受访者对村委会选举非常不满意，占比1.8%。

第二节 织密基层网格，创新社会治理

2020年，习近平总书记在基层代表座谈会的讲话中强调："要加强和创新基层社会治理，坚持和完善新时代'枫桥经验'，加强城乡社区建设，强化网格化管理和服务，完善社会矛盾纠纷多元预防调处化解综合机制，切实把矛盾化解在基层，维护好社会稳定。"[①] 2018年，《中共中央、国务院关于实施乡村振兴战略的意见》中强调，要建设平安乡村，"探索以网格化管理为抓手、以现代信息技术为支撑，实现基层服务和管理精细化精准化"[②]。

2020年8月，盂县被山西省委平安办确定为"全省县级层面全科网格试点地区"。近年来，盂县在探索网格化治理、提升

---

① 习近平：《在基层代表座谈会上的讲话》，人民出版社2020年版，第7—8页。
② 《十九大以来重要文献选编》（上），中央文献出版社2019年版，第169页。

乡村治理体系与治理能力现代化上积累了丰富的实践经验，走出了一条社会治理的创新道路。盂县"积极创建'党建引领＋全科网格＋群众路线'的基层社会治理盂县路径，通过'党建＋全科网格'，将党小组建在网格，服务管理联动、矛盾纠纷联调、应急工作联勤、社会治安联防、突出问题联治、基层平安联创，确保矛盾问题化解在网格"[①]。

2020年9月，盂县出台了《盂县全科网格化服务管理办法（试行）》的文件，该文件指出，在坚持党委领导、政府负责、部门联动、社会协同、民主协商、创新驱动、法治保障、科技支撑等原则的指导下，完善全县"全科网格＋综治中心"一体化基层社会治理创新机制，打造共治共建共享的社会治理格局。在全县推行城乡全科网格化管理和服务，即在城乡社区及其他特定管理区域之内统一划分网格，配备服务管理人员，整合各方面力量，综合运用人力、科技等多种手段，依托网格和综治中心提供服务和进行管理。主要内容及措施包括以下几个方面。

第一，织密基层网格。以片区（服务区域）、村民小组或楼栋、单元户为基础，全面构建"综治中心＋网格＋服务区域＋服务单元＋户代表"的"五级架构"服务模式。全县277个行政村已全部完成"五级架构"建设。乡镇建立微网格3040个，建立网格党小组1063个，建立网格居民群2731个。推动村"两委"干部、村民小组长、农村党员等担任兼职网格员，建立健全网格服务区内党员包保网格、村民代表包联到户机制、"两代表一委员"监督指导机制，打造共建共治共享的社会治理格局。

第二，网格员招聘与管理。网格员的招聘具有明确的年龄与学历要求，应聘网格员必须满足年满20岁以上50岁以下

[①] 《强化党建引领基层治理 构建为民服务全新体系——访盂县县委书记梁海昌》，《阳泉日报》2022年4月18日第1版。

(具有社区工作经验的人员年龄可以放宽到52岁),本县居民且在本社区居住满一年,具有中专及高中以上文化程度,能够熟练操作手机、电脑等条件。专职网格员工作补助采取"县级预算、乡级管理、统筹使用、绩效发放"的原则,由基础补助和绩效补助两部分组成。截至2022年7月,盂县现有专职网格员456名,其中男性164名,占比36%,女性292名,占比64%;其中28人具有本科学历,占比6%,104人具有大专学历,占比23%,95人具有高中学历,占比21%,75人具有中专学历,占比16%,154人具有小学学历,占比34%。

第三,创新工作方法。"1156"网格运行机制与"12345"网格工作法是盂县在全科网格化服务与管理实践中的创新举措。"1156"网格运行机制,即坚持一个引领,把党组织建在网格内;搭建一个平台,综治信息系统中枢平台;深化"五级"联动,县、乡、村、网格、职能部门联动;强化"六联"协调,服务管理联动、矛盾纠纷联调、突出问题联治、应急工作联勤、社会治安联防、基层平安联创。"12345"网格工作法:"1报"即专职网格员每日必须掌握网格内各类风险隐患并形成系统上报;"2访"即每天必须两次走访重点辖区和重点人群;"3必"即发生突发事(案)件、居民有意外困难、邻里有矛盾纠纷时必须到场;"4有"即对群众有问必答、有求必应、有事必帮、有难必助;"5要"即工作要持证,走访要记录,信息要有效,底数要清楚,情况要明了。

目前,盂县"党建引领+全科网格+群众路线"的基层社会治理模式已取得了显著成效,在信息上报、矛盾化解、隐患排查等方面发挥了突出作用。2022年上半年,全县网格员有效事件上报数38218件,有效事件办结数37762件,办结率为98.81%,在全省有效办结率排名第一;全县共调解各类矛盾纠纷300件,其中,口头调解225件,成卷75件,调解成功率100%;全县共排查各类风险隐患12068件,处置12068件,处置率为100%。

民众对社会治安的满意度是衡量网格化实践的重要评价指标。盂县民众对当地社会治安也给予了极高的评价，这在一定程度上也体现出盂县在织密基层网格、创新社会治理工作上的出色成绩。调研中，我们向村民和村干部询问：总体而言，您对本地社会治安是否满意？几乎绝大多数的受访者都对当地社会治安持满意态度，其中372名受访者对社会治安比较满意，占比47.75%；383名受访者对社会治安非常满意，占比49.17%。相对而言，对社会治安不满意的受访者比重非常低，其中仅有19名受访者对社会治安不太满意，占比2.44%；5名受访者对社会治安非常不满意，占比0.64%。

第三节　规范权力运行，营造清廉乡村

习近平总书记在党的十九大报告中明确指出："人民群众最痛恨腐败现象，腐败是我们党面临的最大威胁。只有以反腐败永远在路上的坚韧和执着，深化标本兼治，保证干部清正、政府清廉、政治清明，才能跳出历史周期率，确保党和国家长治久安。"[①] 为贯彻中央全面从严治党的精神，盂县以清廉乡村建设为抓手，为乡村振兴营造风清气正的良好氛围。

清廉乡村建设是盂县提升基层治理体系与治理能力的另一重要抓手与突破点。清廉乡村以"政治清明、组织清廉、干部清正、村务清爽、乡风清淳"为目标，具体表现为"六有"建设，即坚持党的领导，班子建设有活力；规范权力运行，治理效能有提高；强化集中监管，"三资"管理有平台；聚力乡村振

---

① 习近平：《决胜全面建成小康社会　夺取新时代中国特色社会主义伟大胜利——在中国共产党第十九次全国代表大会上的报告》，人民出版社2017年版，第66—67页。

兴，集体经济有发展；聚焦乡村文明，清廉文化有阵地；突出因村施策，契合村情有特点。清廉乡村建设旨在以下八大重点方面发力，即组织引领作用强，权力运行监督严，制度建设覆盖全，干群融洽关系好，文化铸魂根基实，村容村貌变化大，集体经济活力足，农民收入稳步增。

虽然清廉乡村建设以全面从严治党与维护政治生态为抓手，但清廉乡村建设是一项全面提升基层治理体系与治理能力现代化的系统性工程，其重点工作包含6个大项19个小项。除了提升农村基层党组织建设、强化农村党员干部的教育培训、充实农村党员后备力量、提升村级党组织阵地建设、推进农村干部廉洁用权、充分发挥党员先进性、压实农村干部担当责任等党建与组织工作外，在推进农村权力运行体系规范化、农村集体"三资"管理制度化、壮大农村集体经济、培育乡风文明等方面做了深入工作。

第一，推进农村权力运行体系规范化。首先，学习借鉴宁海县"小微权力"36条清单经验，以清单式、流程化的形式，对农村干部依法依规承担的党务、村务管理服务等重要事项进行梳理。其次，以"村财乡（镇）管"制度为抓手，严格落实农村干部经济责任专项审计制度。最后，将"清廉乡村"建设工作列入县委常规巡查内容，明确建设目标，压实政治责任。

第二，推进农村集体"三资"管理制度化。首先，建立完善农村集体"三资"管理体系和制度。成立乡镇农村集体"三资"管理工作领导小组，建立"三资"管理台账，推行项目备案制度，落实村级项目工程"四议两公开"决策办法与村务、财务公开制度。其次，创新农村集体"三资"管理方式。开展农村集体"三资"管理"阳光行动"，以"互联网+"为手段，推进农村集体"三资"管理智能化，推行农村基层组织和集体经济组织支出公务卡非现金结算制度。最后，推进农村产权交易平台建设，建设县农村产权交易中心。

第三，壮大农村集体经济。首先，充分发挥人才优势。深入推进全民技能提升工程，逐步完善新型职业农民培训体系，积极促进人才回引，继续实施"盂雁归巢"计划。其次，鼓励多形态、多方式地发展集体经济。因村施策，充分发挥各乡镇及各村的区位条件、资源禀赋以及经济社会优势，盘活农村集体三资，积极探索资源开发型、物业租赁型、资产盘活型、乡村旅游型、农业生产型、联合发展型等多种发展路径，积极探索抱团发展、政企合作、村企结对、强村帮弱村等发展方式，不断壮大村集体经济。

第四，培育乡风文明。首先，建设乡村文化阵地。融合乡村综合性文化服务中心、农家书屋、文化广场等基层文化阵地，持续推进新时代文明实践站（所）建设，加强红色文化宣传设施建设。其次，推进农村精神文明建设。全面推广"一约四会"（村规民约，道德评议会、红白理事会、村民议事会和禁毒禁赌会）和"一墙三榜"（社会主义核心价值观文化墙，善行义举榜、当代乡贤榜、文明家庭榜），倡导婚事新办、丧事简办、宴会不办，大力抵制陈规陋习，弘扬文明新风。最后，树立典型、培育品牌。开展文明乡镇、文明乡村、文明家庭、道德模范的创建与评选活动，充分发挥在职党员、退休老党员、退休老干部、党员教师、新乡贤等示范带头作用。

民众对干部廉洁状况的满意度是衡量清廉乡村实践的重要评价指标。调研中，我们向村民和村干部询问其对本地干部廉洁状况是否满意，结果显示，超九成的受访者对当地干部廉洁状况持满意态度，其中364名受访者对干部廉洁状况比较满意，占比56.70%，230名受访者对干部廉洁状况非常满意，占比35.83%。相对而言，对干部廉洁状况不满意的受访者比重非常低，其中仅有31名受访者对干部廉洁状况不太满意，占比4.83%；17名受访者对干部廉洁状况非常不满意，占比2.65%。

第四节　乡村治理的现实挑战

当前,盂县的乡村治理实践也面临一些现实挑战,如部分村党员发展难,部分党员作用发挥不足,优秀村干部来源匮乏,村民参与不足。其中,大多问题是国内农村尤其是中西部地区农村较普遍存在的问题。这里拟集中分析三个问题:一是具有盂县特色的采煤沉陷区治理难题;二是普遍存在于中西部地区的"空心村"治理问题;三是普遍发生于国内的"撤点并校"及其对乡村治理的影响问题。

一　采煤沉陷区的治理与村民生活保障问题

盂县是典型的中西部资源型地区,县域内煤炭资源储量丰富。盂县含煤地区主要分布于县城周围的秀水、牛村、孙家庄、路家村和南娄等5个乡镇。煤炭资源对盂县基层治理具有重要影响,煤炭开采在壮大村集体经济、提供就业机会、提高民众收入等方面做出了重要贡献。然而,煤炭资源也为盂县基层治理带来了"资源诅咒",早期长年粗放式的煤炭开采直接导致了盂县采煤区的地表开裂、环境污染、生态恶化、房屋破损等一系列问题。民众长期依赖煤炭开采产业,也间接影响了村级产业的转型。

采煤沉陷区造成的一系列问题,已经日益成为资源型地区基层治理的重要挑战之一。党的十八大以来,党中央和国务院高度重视采煤沉陷区的治理问题,连续出台了一系列政策文件,指导和推进全国各地采煤沉陷区的综合治理,如《国务院办公厅关于加快推进采煤沉陷区综合治理的意见》《国家发展改革委关于印发〈采煤沉陷区综合治理专项管理办法(试行)的通知〉》等。山西省作为采煤沉陷区综合治理的重点地区,也相继出台了一系列政策文件,如《山西省采煤沉陷区治理试点工作方案》《山西省采煤沉陷区综合治理工作方案》等。

　　经过早期长年无序、混乱的开采，盂县上述储煤的 5 个乡镇皆受到不同程度的影响，存在较大面积的采煤沉陷区。采煤沉陷区综合治理被视为盂县八大重点问题之一。总的来看，采煤沉陷区综合治理涉及三个环节，分别为搬迁、治理与发展。盂县采煤沉陷区综合治理仍在起步与探索阶段，当前的工作重心仍以搬迁和治理为主。

　　根据《山西省采煤沉陷区治理试点工作方案》的规定，采煤沉陷区治理采取搬迁重建的方式，按户均 60 平方米进行补助，每平方米造价 2014 元，户均搬迁成本为 12.08 万元，超出 60 平方米部分由个人以成本价购买；补助资金由国家投资、省级投资、市级配套投资、县级配套投资、企业配套投资和居民个人出资构成。对采矿权主体存在的，治理资金主要由政府和企业承担，其比例为：国家 40%、省级 10%、市级 5%、县级 5%、企业 30%、个人 10%；对采矿权主体灭失的，治理资金主要由政府承担，其比例为：国家 50%、省级 20%、市级 10%、县级 10%、个人 10%。盂县采煤沉陷区综合治理搬迁安置工作起始于 2015 年，2022 年底完成，共涉及 5 个乡镇、18 个村、4951 户、12332 人，其中 16 个村 3913 户主体存在，2 个村 1038 户主体灭失，集中新建安置 3756 户，货币补偿安置 1195 户。受环境影响（土地塌陷、饮水困难），搬迁一般按照整村搬迁的方式展开。

　　盂县采煤沉陷区的治理工作主要是旧房拆除与土地复垦。2021 年，盂县人民政府办公室出台《盂县采煤沉陷区旧房拆除及土地复垦实施方案》，加快推进全县采煤沉陷区村庄搬迁后旧房拆除及土地复垦、复绿工作。采煤沉陷区综合治理以科学规划、分类实施、协作推进三项原则为指导：科学规划原则要求，旧房拆除后的用地和复垦要实施"五统筹"，即与新型城镇化建设、产业开发、基础设施建设、提升公共服务、环境整治和生态恢复相统筹，连片整治，整体推进；分类实施原则要求，旧房拆除后的治理要坚持宜耕则耕、宜水则水、宜林则林、宜游则游的综合治理原则，因地制宜分类实施，积极推进田、水、路、林综合治理；协作推进原则要求，发改部门负责将搬迁完毕的村庄搬迁户名单移交县自然资源部门，各乡镇政府负责管辖区域村庄搬迁后旧房拆除工作，自然资源部门负责旧房拆除后的土地复垦、复绿工作。

通过上述措施，盂县采煤沉陷区综合治理已取得初步成效。截至2021年底，盂县共计完成4158户搬迁安置工作，其中货币补偿安置完成1155户，集中安置竣工3003户，完成率为84%。其中，秀水镇集中安置竣工695户；路家村镇货币补偿安置490户，集中安置竣工1742户；南类镇集中安置竣工240户；牛村镇集中安置竣工326户；孙家庄镇货币补偿安置665户。

不过，尽管盂县采煤沉陷区较综合治理前已有较大改善，但仍暴露出一些问题亟待改进，主要表现为采煤沉陷区综合治理进展缓慢、协调不畅。采煤沉陷区综合治理需按照一定的程序与路径加以推进，即先搬迁后治理再发展，环环相扣，只有在搬迁工作顺利完成之后，治理与发展的工作才能开展。然而，盂县搬迁安置工作虽已开展多年，但在限期内完成规定份额依然存在挑战，搬迁难、搬迁慢仍然是当前采煤沉陷区综合治理的主要问题。搬迁难是由以下多方面原因造成的。

第一，搬迁资金紧张。首先，政府财政资金难以及时拨付到位。按照政策规定，市级和县级应配套资金各需3600余万元。然而，由于实际财政上的压力，市级和县级应配套资金仍有较大缺口。其次，矿权主体的资金也难以及时拨付到位，部分矿权主体由于停产停工，收入来源被切断，难以及时筹措资金；部分矿权主体由于被合并到其他大型煤矿企业之中，拨付资金需要层层审批，阻碍了资金的及时拨付。

第二，补贴标准较低。首先，房屋补贴标准与农户实际居住情况不符。按照上述补贴标准，每户仅补贴60平方米，超出部分则需个人购买，但实际上村民的自建房大都在120平方米左右。所以和省里补贴标准就有60平方米的缺口，即使是在得到补贴的60平方米中，个人还要承担10%，缺口较大。其次，房屋补贴标准以户来计算不符合农民生活需要，补贴标准定的是一户补贴60平方米，一平方米按2014元算。但如果按户算，一个大家庭很多人，这个面积就和生活需要有很大差距，在农村，每个人平均至少有30多平方米才合适。

第三，一些居民认为生活不便。一些居民觉得搬迁后虽然住房条件改善了，但是生活消费成本高，就连厕所用水都得花钱。另外，上了年纪的老年人不太方便上高层，楼上未装电梯，爬上爬下很不方便。再有就是很多农具无处放置。

第四，后续保障不足。采煤沉陷区整村搬迁安置后，旧村原有耕地的处理和村民生活来源的保障，是采煤沉陷区综合治理中的重大问题。普遍的做法是通过集体流转旧村土地，使村民能够通过土地流转费保障基本生活。路家村镇青崖头村是孟县采煤沉陷区综合治理的示范点，该村于2017年将旧村已搬迁村民的土地集体流转，每亩每年流转费1000元，然而，土地流转的补偿仅支付了两年。2019年后，村民就未再收到土地流转费了，承担流转的企业表示因整体搬迁并未完成，影响到土地流转和复耕等工作，企业亏损，无力支付。此外，青崖头村的搬迁安置小区，在住房保障、基础设施、公共服务等方面也面临一系列问题，没有得到及时解决。

二 农村的"空心化"与"空心村"治理问题

农村"空心化"和老龄化是当前农村社会发展与基层治理中的突出问题，[1] 已引起党中央的高度重视。2013年，习近平

---

[1] 《十八大以来重要文献选编》（上），中央文献出版社2014年版，第680页。

总书记在中央农村工作会议上的讲话中强调:"重视空心村问题,推进农村人居环境整治。村庄空心化和'三留守'是一个问题的两个侧面。外在表现是村子空了,本质上是人一茬一茬离开农村。农村是我国传统文明的发源地,乡土文化的根不能断,农村不能成为荒芜的农村、留守的农村、记忆中的故园。"①

农村的空心化有多种表现形式,如乡村主体的"空心化"、产业主体的"空心化"、边缘群体的"空心化"与乡村文化传承主体的"空心化",②但其核心是农村常住人口的大量外流,突出表现为青壮年常住人口骤减,"三留守"人员比重增加。这种问题在盂县同样存在,《盂县2021年国民经济和社会发展统计公报》显示,全县城镇常住人口为138371人,比上年末增加2493人;乡村常住人口140797人,比上年末减少4213人。如表1-1所示,在我们调研的36个村中,在村人口占比达60%及以上的仅有9个。对民众的抽样调查结果也显示,在799份受访样本中,年龄在60岁以上的居民占比高达49.7%,40岁以下的居民极少。

表1-1　　　　　山西省盂县样本村在村人口比例

村名	总人数（人）	在村人口数（人）	在村人口占比（%）
后川	360	360	100.00
郭家坪	680	680	100.00
东梁	1973	1689	85.61
北上社	741	560	75.57

---

①《十八大以来重要文献选编》（上）,中央文献出版社2014年版,第682页。

② 周少来:《乡村治理:结构之变与问题应对》,中国社会科学出版社2018年版,第42—45页。

续表

村名	总人数（人）	在村人口数（人）	在村人口占比（%）
小横沟	565	389	68.85
东木口	948	650	68.57
泥河	1039	690	66.41
涧沟	1282	830	64.74
青崖头	1176	750	63.78
后元吉	1051	624	59.37
王炭嘴	347	201	57.93
闫家沟	777	450	57.92
交口	1050	600	57.14
桑园	402	211	52.49
南社	1532	800	52.22
西社	855	427	49.94
兴道	2245	1054	46.95
温池	1112	512	46.04
樊家汇	613	267	43.56
拦掌	2028	874	43.10
寺家坪	846	350	41.37
河底	466	188	40.34
山北	1162	460	39.59
南坪	1265	420	33.20
上鹤山	915	267	29.18
西盂北	1035	300	28.99
小独头	527	150	28.46
黄树岩	893	237	26.54
西关头	348	90	25.86
东庄头	1400	360	25.71
藏山	710	180	25.35
石家塔	321	78	24.30

续表

村名	总人数（人）	在村人口数（人）	在村人口占比（%）
椿树底	705	159	22.55
侯党	1320	250	18.94
南村	1348	—	—
肖家汇	1423		

农村空心化的原因较为复杂，但其核心因素在于缺乏高效高能产业的支持，难以为农村居民提供足够的就业岗位和收入保障。盂县人口流出多的村庄，多为以种植业为主业的农业区域，既有的耕作面积难以充分吸纳农村劳动力，小农户分散经营导致生产效能不能充分发挥，种植收入难以提高。加之县内的现代工业和第三产业并不发达，大量村民只有离土离乡，外出务工。在这种"自然发生"的经济拉力之外，近20年来教育政策的变化也成为驱动农村"空心化"的重要因素。如下文分析所示，乡村教学网点撤并与优质教育资源向县城集中，极为强烈地诱迫越来越多的农民家庭到县城生活，乃至最终搬离农村。

值得注意的是，"空心化"的趋势一旦启动，若无强有力产业的注入和改善，就易于形成"空心化"的自我强化并加速发展，村民将越走越多，最终导致村庄的消失。显然，乡村基础人口的不足，不仅会导致党员发展难、高质量的村干部和乡村人才匮乏，也会使村民自我管理的水平难以提升，更会导致农村生机缺失，基础设施建设成为"鸡肋"、效益低下。这是对于乡村振兴和治理的严重挑战。

三 "撤点并校"政策及其对乡村治理的影响

"撤点并校"或教育资源的布局优化政策，乃是影响乡村人员外流、加剧"空心村"现象的重要因素，值得高度重视和探讨。2001年，国务院发布了《关于基础教育改革与发展的决定》。该文件提出了因地制宜调整农村义务教育学校布局的要求，按照小学就近入学、初中相对集中、优化教育资源配置的原则，合理规划和调整学校布局。农村小学和教学点要在方便学生就近入学的前提下适当合并，在交通不便的地区仍需保留必要的教学点，防止因布局调整造成学生辍学。学校布局调整要与危房改造、规范学制、城镇化发展、移民搬迁等统筹规划。调整后的校舍等资产要保证用于发展教育事业。在有需要又有条件的地方，可创办寄宿制学校。2001年，盂县根据中央精神与《山西省关于进一步调整农村中小学布局的指导意见》，开始对全县中小学教育布局进行优化调整。2004年，盂县制定了《盂县中小学布局调整三年规划》，从2005年开始，盂县中小学数量与在校生源逐年减少，并呈现出学生向盂县县城聚集的趋势。2014年，盂县出台了《推进县域义务教育均衡发展规划》，并结合《盂县教育改革与发展十二五规划纲要》，进一步对全县教育布局做出调整。① 2021年，盂县县委、县政府出台《盂县义务教育学校布局优化实施方案》，深入贯彻山西省委提出的"两集中"要求，即80%小学向乡镇集中，80%初中向县城集中，进一步推进了教育布局的优化调整。在此过程中，盂县大量村小学和乡镇中学被撤并。一是村小学数量减少。1990年，全县有550余所小学，基本每村至少有1所小学，2000年也仍有500余所。从2004年开始，小学数量逐年锐减，至2014年，全县小学数量仅余130所，裁减率达到74%。但与此同时，全县每年入学人数总体保持稳定，年均2万人左右。二是乡镇中学数量减少。全县20世纪90年代初有30多所初中，每个乡镇至少有1所，有的有2—3所；从20世纪90年代至2014年，全县初中数量逐年从37所锐减至18所，裁减率达到50%。但同

---

① 《盂县教育年鉴》，山西人民出版社2016年版。

时，每年入学人数稳定保持在 15000 人左右，县城中学学生人数增长了 4 倍。

截至 2022 年初，盂县有学校 87 所，其中公办学校 86 所，民办学校 1 所。完全高中 1 所（盂县一中）；高中 2 所，其中普通高中 1 所（盂县三中），职业高中 1 所（盂县职业高中）；初中 13 所，其中县直初中 2 所，乡镇初中 11 所（分别位于梁家寨乡、上社镇、苌池镇、仙人乡、牛村镇、孙家庄镇、西烟乡、西潘乡、路家村镇、南娄镇、下曹村）；小学 67 所；特殊教育学校 1 所（盂县特殊教育学校）；九年一贯制学校 2 所（西小坪学校、清城学校）；十二年一贯制学校 1 所（荣昌学校）。如表 1-2 所示，2022 年对部分乡镇的统计表明，7 个乡镇中有 2 个没有中学；202 个村中，仅有 56 个村仍保留有小学，占比 27.7%。民众的抽样调查结果显示，其孩子或孙辈在村里读小学或初中的比例为 24.5%，在乡镇所在地读小学或初中的占比为 24.3%，而在县城及以上地区读小学或初中的占比高达 51.2%。

表 1-2　　　　　　2022 年盂县部分乡镇学校数量

乡镇名称	乡镇中学数量（所）	设有小学的村（个）
苌池镇	1	7
东梁乡	0	5
路家村镇	1	7
南娄镇	1	9
牛村镇	1	11
西潘乡	1	11
秀水镇	0	6

"撤点并校"政策与"空心村"问题相互影响，互为因果。农村青壮年人口外出务工在一定程度上减少了农村适龄儿童的

数量，农村适龄儿童逐渐减少，导致农村教育资源的浪费与失衡，为整合教育资源、提升教育质量，农村学校教育布局出现了调整的必要。除了整合教育资源、提升教育质量的目的，教育布局优化调整还受到地方政府推动地方经济发展的动机影响。在调研中，经常有干部同调研组交流这一看法，"地方政府推动优化教育布局工作的动力在于发展经济"。"近几年的发展导向，就是以房地产拉动经济发展，房地产就是城镇化，首先要将资源集中，才能将人拉过来。资源集中后，每年需要投入钱来维持这些资源。学校集中后，对于县里的隐形财政贡献还是比较大的。"

"撤点并校"政策在整合教育资源、提升教育质量，促进城镇化建设以及拉动地方经济发展等方面发挥了一定作用，但是其也面临一系列问题。一方面，"撤点并校"政策自身面临一系列困境。首先，县城学位紧张。教育局干部反馈："虽然撤校以后，周边乡镇有学校可以满足就学要求，但是仍会有更多的人选择县里的学校，因此可能会形成超级学校。"学校布局优化调整后，大量农村学生涌入县城，县城中小学学位不足问题进一步凸显，大校额问题短时期难以解决，比如盂县二小、三小、二中在校生都超过了2000人，但受经济下行压力影响，县城学校建设相对滞后，现在学位供应一直处于紧缺状态。其次，师资力量紧张。如教育局干部反馈："教育布局优化工作的一部分就是增加了寄宿制学生。师资编制中没有管理人员，所以给实际工作带来了一些麻烦。"最后，财政经费紧张。如宿管、厨师等费用需要通过公有经费解决；煤改电以后，供暖成本提升，占用了大量经费；校车、食宿等经费开支也大大增加了。另一方面，"撤点并校"政策也对盂县乡村治理起到了限制作用。如"空心村"问题加剧，农村人口向县城聚集。因乡里和村里各种设施和教学条件比不上县里，为了孩子学习，大量农村人口移居县城。

第五节 乡村治理改革的若干建议

乡村治理体系与治理能力的现代化，应当遵循民主、科学和法治原则，遵循固本而可持续性原则。2019年，中共中央、国务院《关于加强和改进乡村治理的指导意见》曾明确要求："建立健全党委领导、政府负责、社会协同、公众参与、法治保障、科技支撑的现代乡村社会治理体制，以自治增活力、以法治强保障、以德治扬正气，健全党组织领导的自治、法治、德治相结合的乡村治理体系，构建共建共治共享的社会治理格局，走中国特色社会主义乡村善治之路。"① 应当说，这也是当前和今后一个时期盂县乡村治理体系与治理能力现代化的重要指针和方向。

一 以自治为基础，健全自治机制，激发基层活力

第一，整合社会资源、动员社会力量，构建多元主体共建共治共享的社会治理新格局。当前盂县基层社会治理格局以政府主导为典型特征，但市场、社会组织、人民群众等主体在基层社会治理中的作用仍需进一步加强。民众的抽样调查结果显示，当被问及"近几年您参与过村里的一些公共活动吗，如参加会议讨论、表决，向村干部提建议"时，73.2%的受访者选择"从未参与"或"很少参与"，参与严重不足。此外，当被问及"解决农村问题应该靠政府还是靠农民"时，56.9%的受访者选择"主要应靠政府"，自主自觉意识严重不足。在社会治理重心不断下沉的过程中，应当将各种资源与主体同时引入基

---

① 《中共中央办公厅 国务院办公厅印发〈关于加强和改进乡村治理的指导意见〉》，中华人民共和国中央人民政府网站（https://www.gov.cn/zhengce/2019-06/23/content_5402625.htm）。

层,科学、合理地界定党政组织与市场、社会组织、人民群众之间的互动边界,力争形成合力效应。如在教育网点布局、采煤沉陷区搬迁等公共政策的制定过程中,可以通过协商民主与参与式预算等方式,使普通民众和社会组织等多元主体充分参与进来,保障其利益和诉求能够充分表达。贯彻落实"两推一选""公推直选"等村党组织换届选举方式,推进村党支部书记的民主选举,充分尊重普通党员和村民的权利与意愿。南娄镇北上社村在"六议两公开"的基础上,创新推行"1+6议事模式",即在"动议、提议、商议、审议、民议、决议"之前,增加"倡议"环节,广泛听取新乡贤、致富能手和广大群众的意见建议,创新人人有想法、人人谋发展的社会治理机制,此举值得进一步深入探索与总结推广。妥善处理好自治主体与市场之间的关系,创新乡村经济的发展方式,发展"村级公司+市场主体"的经营方式,发展股份化、民主化、市场化以及简约高效的农村集体经济管理体制。

第二,瞄准不同类型村庄的差异化需求,优化公共资源配置,切实提升农村基本公共服务水平。城乡差距是影响农村人口不断外流的结构性背景,而城乡基本公共服务供给的失衡是城乡差距的典型表征。农村居民如果不能享受到基本的教育、医疗等公共服务,其向外流出的趋势便难以改善。因此,应当不断完善基本公共卫生服务体系,加强对农村地区医疗卫生的服务供给,提高农村地区卫生基础设施的建设,保障农村地区卫生人才的配置,提高城乡医疗服务均等化水平。加强对盂县农村地区的教育保障,着力发展好农村学前教育与中小学教育,保障农村教学点及师资的配置,进一步减缓农民因农村基本公共服务供给薄弱向外流出的趋势。

二 以法治为根本,加强依法治村,维护社会秩序

第一,加快推进乡村公共法律服务建设。加强创新乡村公

共法律服务供给模式与完善乡村公共法律服务体系，推动法律服务资源下沉，组织司法局、法院、律所以及其他法律援助机构与人员送法下乡，将"被动等待村民求助"转变为"主动向村民提供援助"，培育乡村"法律明白人"，壮大乡村公共法律服务队伍。加强和完善普法宣传的内容与机制，以村民的法律需求为导向，提升乡村公共法律服务的针对性与切实性，着力提升村民的法律观念与意识，不仅使得普通村民知法、懂法、守法，还要不断提升村民的信法、用法意识，帮助村民牢固树立依法维权、依法监督的法治理念，切实维护好民众的合法权利。

第二，加快健全乡村矛盾纠纷多元化解的机制。盂县当前乡村矛盾纠纷主要发生在村民与村民之间，土地纠纷、家庭内部纠纷与邻里纠纷是矛盾纠纷的主要类型。当村民遇到矛盾纠纷时主要通过人民调解委员会解决，矛盾纠纷化解机制仍然需要进一步丰富与拓展。在所调研的36个行政村中，只有2个村引入了村外的社会组织与专业社工来解决矛盾纠纷问题。因此，在进一步健全人民调解制度、加强人民调解队伍、完善人民调解经费保障、发挥人民调解制度优势的同时，应创新乡村矛盾纠纷化解方式的多元化运用，引入专业社会组织与社工队伍，将调解与法治相结合，在调解过程中积极引导民众守法用法，推进乡村矛盾纠纷化解智能化。

第三，进一步健全村级权力监督管理体制机制。各行政村虽已普遍建立村务监督委员会，但村务监督委员会的实际效用仍未充分发挥，经费补贴不足、人员素质不齐、人情束缚严重是其存在的典型问题。因此，仍需着力健全村级权力监督管理体制机制，定期开展针对村干部的法治教育活动，组织村干部认真学习法律法规和警示教育案例，不断提升村干部的法治意识与纪律意识。拓展普通民众对村级权力的监督与举报渠道，完善村级权力监督体系，加大对村级小微权力腐败的惩治力度，定期开展对农村的巡查工作。推进乡村依法治理，贯彻落实党务、村务、财务公开制度，完善村务管理的考评体系，保障民众的监督权利。

三 以德治为引领，弘扬社会新风，改善精神风貌

第一，落实文明乡村的载体建设。以文化礼堂、道德讲堂、乡贤长廊、家宴中心、农民大舞台、农村综合文化服务中心等农村公共文化服务基础设施建设为抓手，夯实乡风文明的载体建设，使其成为农民文化生活、政府政策宣讲等主阵地。在加强文明乡村载体建设的过程中，一方面，要充分利用既有公共基础设施资源，避免大修大建；另一方面，要将文化礼堂等载体充分利用起来，避免有场地无活动、有活动无效果等情况的出现，将丰富农村群众文化生活落到实处。

第二，加强文明乡村的内容建设。充分发挥乡风文明对乡村治理的引领作用，重要的是看弘扬什么、抵制什么。一方面，要持续推进移风易俗的工作，整治陈规陋习，将"运动式"移风易俗实践常态化；另一方面，充分挖掘盂县历史文化传统、本村村史村情、模范人物事迹，讲好盂县故事，将忠义之乡、进士之乡、文化之乡等历史文化资源与新时代文化要素、中央政策精神结合起来，构建具有本地特色、符合时代要求的文化宣扬内容，开展家风家训展示、文明家庭创建、先进典型宣传等各项活动。

第三，推进文明乡村的队伍建设。在所调研的36个行政村中，仅有6个村成立了新乡贤组织，盂县文明乡村队伍建设仍需进一步推进。村民是文明乡村建设的主体，要充分发挥村民在文明乡村创建过程中的主动性与能动性，广泛听取村民在文明乡村创建过程中的意见与建议，使其成为推进文明乡村创建的主要参与者与推动者。充分发挥村干部与党员的先锋模范带头作用，落实村民议事会、老年协会、道德评议会、红白理事

会、禁毒禁赌会等自治组织的实际工作，动员社会力量，培育志愿者等各类公益组织，评选与引进村内外各类精英，充分发挥新乡贤在文明乡村创建过程中的积极作用。

四　以智治为支撑，应用智慧科技，推进信息惠民

第一，加快农村数字基础设施建设。结合盂县发展基础与实际条件，科学有序地推进农村数字基础设施建设与优化升级，完善农村信息服务体系，提升盂县农村地区信息化服务水平，不断提升农村宽带、广播电视等服务质量，加快推进盂县农村地区交通、水利、电力等基础设施数字化，建设智能交通、智能水利、智能电力等数字化基础设施。

第二，加快农村信息化人才队伍建设。开展信息化人才下乡活动，鼓励驻村干部、大学生村官、退伍军人、返乡就业人员助力数字乡村建设，提升村民数字信息素养，加强对村干部与村民的信息化教育与培训，培养新时代的信息化村官与农民。

第三，加快推进信息化赋能乡村治理。鼓励发展农村数字电商与数字农业，推进"互联网+"农产品出村进城，充分发挥数字信息的生产力，将信息化转变为富农的推动力。借助盂县数字乡村建设，不断推进村务管理、公共服务、党建等工作的智能化转型。

第二章 "村改居"及其治理难题

截至2021年末，我国城镇常住人口达到91425万人，常住人口城镇化率为64.72%。合理的城镇化体系既有城市群和大城市，也包括中小城市和小城镇，这种多元化结构更能在协调发展的同时充分发挥各自功能优势，促进城乡融合发展。2021年中央一号文件明确提出："把县域作为城乡融合发展的重要切入点，强化统筹谋划和顶层设计，破除城乡分割的体制弊端，加快打通城乡要素平等交换、双向流动的制度性通道。""推进以县城为重要载体的城镇化建设，有条件的地区按照小城市标准建设县城。"① 2022年中共中央办公厅、国务院办公厅印发的《关于推进以县城为重要载体的城镇化建设的意见》（以下简称《意见》）、《乡村建设行动实施方案》，指明了县域城镇化以及乡村振兴的发展目标和具体任务，将协同推进县域城镇化和乡村振兴提上发展日程。

县城位于"城尾乡头"。《意见》指出："县城是我国城镇体系的重要组成部分，是城乡融合发展的关键支撑，对促进新型城镇化建设、构建新型工农城乡关系具有重要意义。"② 从2011年

---

① 《中共中央、国务院关于全面推进乡村振兴加快农业农村现代化的意见》，2021年2月21日（http://www.gov.cn/zhengce/2021-02/21/content_5588098.htm）。

② 《中共中央办公厅、国务院办公厅印发〈关于推进以县城为重要载体的城镇化建设的意见〉》，2022年5月6日（http://www.gov.cn/zhengce/2022-05/06/content_5688895.htm）。

开始,我国以大城市为主导的城镇化发展步伐放缓,尤其是"十三五"期间呈现逐年递减趋势,一些大城市的开发强度和人口密度已超过了承载能力的合理区间,亟须调整城市化方式。截至2021年底,我国1472个县的县城常住人口为1.6亿人左右,394个县级市的城区常住人口为0.9亿人左右,县城及县级市城区人口占全国城镇常住人口的近30%,县及县级市数量占县级行政区划数量的约65%。[①] 2020年县及县级市GDP总量接近全国的40%,县城及县级市城区的GDP占全国的近1/4,县城人均市政公用设施固定资产投资仅相当于地级及以上城市城区的1/2左右,新增投资消费的空间巨大。[②] 数量众多的县域为推进新型工业化和城镇化提供了广阔的地域基础,已经成为中国新型城镇化快速推进的主要空间。然而,县域城镇化也存在人口流失严重、土地利用与市场需求错位、城镇化建设资金匮乏、集聚效应不明显、县城公共服务设施供给结构失衡等问题,整体发展水平不高,区域差异大。《意见》提出了县域城镇化的阶段性目标:"到2025年,县域城镇化建设取得重要进展。公共资源配置与常住人口规模基本匹配,特色优势产业发展壮大,市政设施基本完备,公共服务全面提升,人居环境有效改善,综合承载能力明显增强,农民到县城就业安家规模不断扩大。"[③]

在减少农民的基础上,扩张市民阶层,提升民众的现代素质

[①] 《推进以县城为重要载体的城镇化建设——访国家发展改革委规划司有关负责人》,2022年5月7日(http://www.gov.cn/zhengce/2022-05/07/content_5688998.htm)。

[②] 《国家发展改革委有关负责人就〈关于加快开展县城城镇化补短板强弱项工作的通知〉答记者问》,2020年6月3日(https://www.ndrc.gov.cn/xxgk/jd/jd/202006/t20200603_1229781_ext.html?ivk_sa=1024320u)。

[③] 《中共中央办公厅、国务院办公厅印发〈关于推进以县城为重要载体的城镇化建设的意见〉》,2022年5月6日(http://www.gov.cn/zhengce/2022-05/06/content_5688895.htm)。

和生活品质，长期以来被作为近现代城镇化和社会发展的普遍要求。与国际社会"城乡等值化"的城市化模式不同，受城乡二元结构体制和制度约束，我国农民、农村的城镇化，不仅是生产和生活方式的转型，居住的地区与人口规模的变化，更是身份与权利体系的转变，以及治理方式的变化，以达到城乡一体化发展。民众的城镇化意愿大体有两种模式：一种是主动城镇化，即人口自然流入城市，完成城镇化；另一种是被动城镇化，大多体现为行政主导下的农村城镇化。在后一模式中，"村改居"的区划调整与居民身份转换是一种基本路径，值得特别研究。

第一节 盂县的"村改居"基本状况

一 盂县城市化发展状况

2021年底，盂县常住人口为279168人，城镇化率为49.57%，比上年提高1.19个百分点。[①] 数据显示，2021年全国常住人口城镇化率64.72%，比上年提高0.83个百分点；山西省常住人口城镇化率63.42%，比上年提高0.89个百分点；盂县所属的阳泉市常住人口城镇化率为71.93%，比上年提高0.7个百分点。单就2021年看，盂县城镇化发展速度快于全国、全省、全市平均水平。从城镇人口来源看，作为一个中部地区县城，盂县经济发展相对落后，对外来人口吸引力较弱，影响其城镇化的主要因素是当地农村人口流入城镇。就业机会、教育资源布局、冬季城乡集中供暖差异等因素是吸引本地农村人口流入的重要原因。此外，盂县作为一个资源型县域，丰富的煤炭资源带来了工业经济的发展，也带来了生态破坏问题。在采煤沉陷区搬迁治理

---

① 《盂县2021年国民经济和社会发展统计公报》，2022年6月24日（http://www.sxyx.gov.cn/ztzl/zdgkjbmu/tjxx/202206/t20220624_1355852.shtml）。

过程中，盂县出现了不少搬迁安置小区，这也是城镇常住人口的重要来源。事实上，大多数村民愿意搬到城里居住和生活。调研发现，村民的城市化意愿较强。如图2-1所示，如果全村的人有条件搬迁到城里居住和生活，38.1%的村民表示非常愿意，29.0%的村民表示比较愿意，占比超过六成。

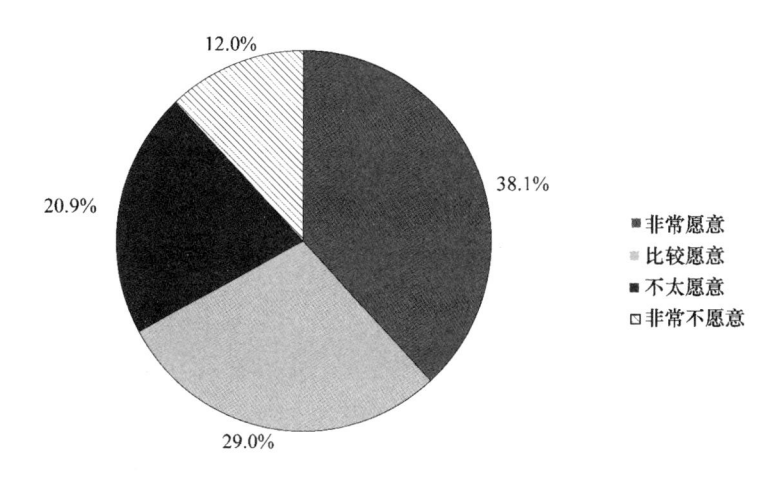

图 2-1 民众搬迁到城里居住和生活的意愿

然而，盂县在快速城镇化的过程中也存在一些问题。一方面，城镇人口数量激增，原有县城建设、城镇社区的规模和分布已无法满足管理和服务需求。首先，县城扩容与建设的速度并未跟上城镇人口数量激增的速度。与2010年第六次全国人口普查时的人数相比，盂县城镇常住人口增加了42436人，城镇人口比重提高了18.31个百分点。① 现有的城市建设总体规划面积和人口规模虽能基本满足当下发展需求，但县城建设的实际速度并未跟上人口增加速度，不少县城建成区尚未开发，仍属于城乡接合部或郊区农村。其次，城镇社区的规模和分布无法

---

① 《盂县第七次全国人口普查公报》，2021年6月17日（http://www.sxyx.gov.cn/yxxxgk/zfzcbm/yxtjj/fdzdgknr_45743/gsgg_45747/202107/t20210706_1185827.html）。

满足管理和服务需求。随着县城的扩容和城镇人口数量激增，县城中原有的11个社区已无法满足管理和服务需要。而综合人口密度、居住环境、服务和管理的便利性等情况，现有的部分城中村或集中居住的安置小区已经符合通过"村改居"成立新社区的条件。但这些列入县城建成区管理的城中村还一直沿用行政村的管理体制，社会治理面临着诸多困境。

另一方面，大量城镇常住人口没有城镇户籍，无法享受与城镇居民同等的各种权利。人口规模只是城镇化程度的其中一个指标，真正的城镇化质量高低还是要以居民能否享受各项权利，以及城市提供医疗、社保、教育等公共服务的水平来衡量。2020年盂县常住人口城镇化率48.38%，但户籍人口城镇化率仅有24.17%。这意味着大量农村人口向县城聚集，但将近一半的农民并没有城镇户籍，却被统计为城镇常住人口。当前城镇化还存在数量增长快于质量提高的问题，这使得他们在医疗、就业、教育、社会保障等方面并没有享受到城镇户籍人口应有的待遇，同时也产生了流动儿童、留守儿童、留守妇女和留守老人等社会问题。

总的来说，盂县县域城镇化及其治理面临的问题主要有：一是既有市民与城区的治理提升；二是"新市民"与县城规划区的扩张。"村改居"是盂县推进县域城镇化的一个重要环节，是实现各种资源要素合理配置、推进基层治理体系和治理能力现代化的基础性工作。推进"村改居"后，不仅可以满足城镇人口对社区管理和服务的需求，有利于争取相关城市配套政策，加速周边市政道路、公园等基础配套的完善，加速教育、医疗、农贸市场等生活设施的完善，使得群众可以享受更多的政府公共服务。同时，推进"村改居"后，可以完善社区治理体系，加强基层治理能力。如何科学而合理地推动"村改居"，实现居民身份、生活方式与品质、治理体制与方式等系统的转换与完善，应是稳步推进城乡一体化的重要命题。

二 盂县"村改居"基本情况

"村改居"是未来盂县推进城市化建设和发展的必然路径。不同类型的村庄具有不同的特征。有的村庄由于采煤沉陷区综合治理搬迁，村民已全部安置于城市小区。如石店村于2018年8月开始采煤沉陷区综合治理搬迁工作，全部安置于金明花苑和德业居花园。有的村庄被列入城中村，土地已全部被预征用。如大吉村2008年被县政府列入城中村，土地全部被预征用。还有的村庄经过长期集中居住后，居民的居住和生活习惯已经接近城市的生活模式。如郭家坪村于2011年全部集中入住单元楼房，其基础设施建设完善，并形成了以"六务公开、共建共治、以小见大、真学真会"为核心内涵的"真会工作法"。类似的小区或城中村还有不少，它们已经符合通过"村改居"成立新社区的条件，应该逐步安排"村改居"，使社区和民众获得更多的城市化便利和福利。

当然，并非所有的城中村都适合"村改居"，需要根据每个村庄的实际情况进行判断与规划。同时，前期通过农民集中居住形成的小区或城中村为"村改居"打下了坚实基础，但也带来了诸多社会治理难题。一是"两栖"农民的治理问题。近年来，随着城乡差异扩大，特别是教育资源向县城集聚，导致大量人口向县城集中。其中，大量流动人口成为"两栖"农民，在城乡之间来回穿梭，但是由于户籍在原村，许多公共事务必须回到原村办理，所居住的小区也难以对他们形成有效管理或为他们提供服务。二是土地问题。有的村庄的土地全部被预征用，如大吉村的土地全部被预征用，至今只剩90余亩；有的村庄则还保留有较多的土地，如石店村还有耕地879.89亩。"村改居"涉及失地农民及其家人的生存和发展问题，如何处置这些土地需要进行科学合理的规划，否则容易引起社会矛盾。这些社会治理难题都可能成为未来"村改居"工作的潜在不利因素。

总的来说，盂县推进"村改居"既有其基础条件和必要性，同时也面临着不少困境。作为一项正在酝酿中的重大政策，盂县在正式推行"村改居"之前，应充分考虑各方面基础条件和重点难点问题，结合自身的经济社会发展状况，借鉴国内外"村改居"的相关实践，以切实达到"村改居"提高城镇化建设水平、满足民众美好生活需求的目标。

第二节 村民的"村改居"态度分析

一 农村居民对"村改居"的态度

调研发现，盂县农村受访者对"村改居"的态度呈多样性分布。总体来说，多数村民对"村改居"持"希望"和"非常希望"态度，共占比47.8%。相比之下，也有受访者"不希望"与"非常不希望"进行"村改居"，但占比不大，仅为13.8%。此外，有11.5%的受访者持"无所谓"态度，还有受访者持"不知道"和"说不清"态度，分别占比19.9%和7.0%（见表2-1）。

表2-1　　　　　农村居民对推进"村改居"的态度

民众态度	有效百分比（%）	累计百分比（%）
非常希望	18.3	18.3
希望	29.5	47.8
无所谓	11.5	59.3
不希望	12.2	71.5
非常不希望	1.6	73.1
不知道	19.9	93.0
说不清	7.0	100.0
总计	100.0	

进一步比较村干部与普通村民的态度（见图2-2），则可知：47.1%的普通村民"希望"或"非常希望"推进"村改居"，另有12.3%的普通村民则表达出相反的态度。此外，对此问题无明确态度的普通村民超过四成。相较而言，村干部群体（含驻村干部、驻村第一书记、专职网格员等）对"村改居"的态度更为鲜明，其支持或不支持的比例均高于普通村民：53.4%的村干部支持"村改居"工作，28.0%的村干部并不希望"村改居"，持"不知道"和"说不清"态度的占比远低于村民，仅为8.0%。这意味着村干部群体对"村改居"此类的系统性工作的思考与了解，远超普通村民。总体而言，无论是村干部群体还是村民群体，多数人希望推进"村改居"。

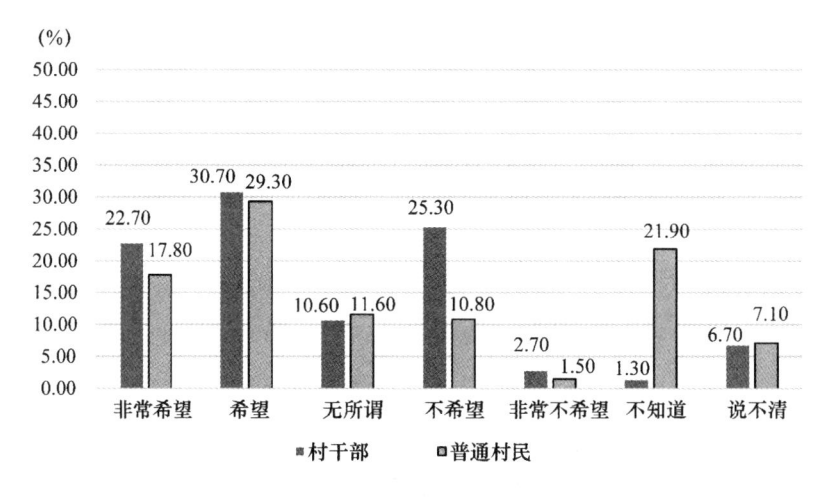

态度	村干部	普通村民
非常希望	22.70	17.80
希望	30.70	29.30
无所谓	10.60	11.60
不希望	25.30	10.80
非常不希望	2.70	1.50
不知道	1.30	21.90
说不清	6.70	7.10

图2-2 村干部与普通村民对"村改居"的态度对比

从推进"村改居"的方式来看，当向外搬迁安置时，44.9%的村民希望能够全村人一起到县城统一建房或买房，14.5%的村民希望各家到城里买商品房，38.0%的村民希望在本村其他地方建房，2.6%的村民希望全村人一起到其他村的地方建房。可见，有59.4%的村民希望到县城居住，其中多数村民（占比44.9%）希望能够全村人继续居住在同一社区。也有不少村民（占比38.0%）希望可以在本村原址建房居住。无论是全村人一起到县城统一建房或买房，还是在本村其他地方建房，都表现了村民对原村社共同体的依恋。此外，从居住楼房样式来看，调研发现，38.7%村民希望继续居住像原来样式的四合院，19.3%村民希望居住较好一点的小二层楼房，37.5%村民希望居住在有电梯的楼房，4.5%村民希望居住在没有电梯的楼房。可见，更多村民希望继续居住像原来样式的四合院，保留原有的生活习惯，其次才是希望居住在有电梯的楼房。总之，对村民而言，他们更希望"村改居"能够保留原有村社共同体特征以及生活习惯。在推进"村改居"过程中，政府进行规划时应征求村民意见，满足村民的合理诉求。

二 不同态度出现的原因分析

民意是影响政策实施的重要基础。"村改居"涉及村民基本生活问题，应当深入分析影响村民"村改居"态度的基本原因。我们运用词云工具分析访问数据，分别讨论村民希望或不希望"村改居"的原因。

图2-3 村民希望推进"村改居"的原因

村民希望进行"村改居"的主要原因，如图2-3所示，可以概括为两大方面，具体如下。第一，社区管理。在社区管理方面，民众认为居委会优于村委会。许多村民认为，"村改居"后，居委会会比村委会的管理更好，居委会的管理体制更民主、干部的业务能力更强、办事效率更快、程序更公平和规范。而村干部则认为，相较于村委会，居委会能获得更多的财政支持和办公经费、工资福利更好，同时管理能力能得到提升。

第二，城乡差别，主要体现在城市的发展条件、生活条件、社会保障与公共服务供给等方面比农村更好。在发展条件上，城市的经济水平更高，就业机会更多，发展前景更好。在生活条件上，城市的基础设施建设更完善、环境卫生更整洁、生活更便利。其中，在盂县，冬天由于城市集中供暖更便利且成本更低，吸引了大批农村人口进城居住。在社会保障和公共服务供给方面，城市的教育、医疗、养老等条件比农村好。特别是教育资源的布局，在盂县政府的引导和推动下，县域教育体系拥有更优质的硬件、更强的师资力量，教育质量远远优于农村和乡镇。正是城乡差别的存在，导致村民中出现一种朴素的"城市优越观"，直观地认为城市比农村好，并期盼着城市化的推进。

村民不希望推进"村改居"的主要原因，如图2-4所示，可以概括为五大方面，具体如下。第一，土地问题。土地对于农民来说具有十分重大的意义，他们不希望进行"村改居"最重要的原因是不愿意失去土地。第二，户口问题。相较于城市户口，农民不愿意失去农村户口所附带的诸多政策福利。第三，生计与生活成本问题。农民特别是收入水平较低者认为，城市生活成本高，并且"村改居"后无法耕种，失去收入来源，难以解决生计问题。第四，观念与习惯问题。不少农民喜欢并习惯了农村生活，更希望维持现状。特别是老人们安土重迁，更不愿意改变现有的生活状况。第五，"村改居"的效果问题。村民不希望进行"村改居"的另一个重要原因是他们认为"村改居"没有太大效果，无法改变现状。

图 2-4　村民不希望推进"村改居"的原因

总的来说，村民希望进行"村改居"主要出于对美好生活的向往和需求，背后体现了我国人民日益增长的美好生活需要和不平衡不充分的发展之间的社会主要矛盾。反之，村民不希望进行"村改居"则主要出于对"村改居"产生的生活变迁后果的担忧。如何满足民众对美好生活的向往和需求，解决民众关心和忧虑的问题，是政府推进"村改居"应当考虑的核心问题。

第三节　推进"村改居"可能面临的约束性条件

"村改居"是一项涉及土地资源调整、基层社区建设、集体资产处理、村民身份转换、公共服务延伸等问题的系统性工程，面临着诸多约束性条件，是当前城市化进程中矛盾最突出的问题之一。要平稳有序地推进"村改居"工作，必须科学分析其所面临的约束性条件。

一 土地的价值与功能对"村改居"的约束

对于农民来说，土地不仅具有作为生产资料的经济价值，也具有作为安身立命保障的社会价值。从经济价值来看，城市边缘非城市土地的价值由两部分构成：一是农业土地本身的价值；二是土地转变成城市用地后，未来增值所带来的价值。对于部分在种地的农民来说，土地依然是其重要收入来源。即便不再种地，他们也可将土地流转或作价入股来获得一笔收入。在"增人不增地，减人不减地"的制度下，这种农业土地价值无论对当前土地利用者还是后代人，都具有可持续性的、长期的潜在价值。而土地转变成城市建设用地后，未来土地增值所带来的经济价值则更为重要。一般而言，经济越是发达，城市化越快，城市规模越大，附着在建设用地上的价值就越大，建设用地就越值钱。如无法妥善分配土地价值，可能成为后续工作的矛盾焦点。

然而，"村改居"后，农民往往只得到政府的征地补偿，主要包括土地补偿费、安置补助费以及地上附着物和青苗补偿费等。这种征地补偿是由政府制定的，具有行政刚性，不能随市场供求变化而变动。虽然短期内，农民获得的征地补偿大于其耕种或流转的收益，但是从长期来看，这种收益缺乏可持续性与稳定性。

另外，在快速城镇化过程中，如何有效拓宽农村劳动力转移渠道，建立健全城乡一体化社会保障体系与农业转移人口市民化机制等问题依然突出。从社会价值来说，土地以及围绕土地的各类经济活动依然是农民社会保障的重要物质基础。特别是对一些缺乏就业条件（技能、年龄、身体）或就业不稳定的群体来说，耕地可能是获得经济收入的主要乃至唯一来源。在这些情况下，耕地的社会保障性功能显得更加突出。它可以在这些群体遭遇疾病、失业等突发状况时，为他们提供基本物质生存保障。土地所具备的社会保障功能决定了其在农民心中的重要地位，而围绕土地形成的一系列制度安排与文化观念，长期以来维系着国家与农村社会秩序的稳定。因此，若在"村改居"的过程中，无法妥善解决因为失去土地而造成农民生计和社会保障方面的困境，可能会引发严重的社会矛盾或冲突。

无论是经济价值还是社会价值，都是农民对于土地的权利，包括生产收益权、生存保障权、农地发展权等。推进"村改居"意味着农民会失去土地，意味着农民将不可能再靠种地为生，也失去了相应的权利。失地农民及其家人如何生存和发展这一问题现实地摆在面前，影响着"村改居"的推进效果。

二 社会治理水平对"村改居"的约束

一般而言，城市社区归所在街道办事处管理。依法律规定，街道办事处是市辖区、不设区的市的人民政府，经上一级人民政府批准所设立的派出机关，行使市辖区、不设区的市的人民政府的行政职权。在实践中，街道办事处的行政级别等同于乡镇一级行政区，属正科级行政性机关。根据《中华人民共和国地方各级人民代表大会和地方各级人民政府组织法》规定，街道办事处在本辖区内办理派出它的人民政府交办的公共服务、公共管理、公共安全等工作，依法履行综合管理、统筹协调、应急处置和行政执法等职责，反映居民的意见和要求。乡镇一级人民政府则执行本行政区域内的经济和社会发展计划、预算，管理本行政区域内的经济、教育、科学、文化、卫生、体育等事业和生态环境保护、财政、民政、社会保障、公安、司法行政、人口与计划生育等行政工作。

孟县的城镇办事处与各乡镇同样管理村社一级组织，也属于正科级编制单位，但它是隶属于县政府的公益一类事业单位，而非乡镇或街道办所属的行政性机关。其职能也与当地乡镇不同，主要包括：负责所辖居委会组织建设、队伍建设、制度建设和设施建设；负责所辖社区网格化管理和服务、建设社区社会服务管理中心和信息平台；培育社会组织和志愿者组织；统筹协调社区的社会事务、劳动和社会保障、计划生育、环境保护、城市管理、文化教育、卫生防疫、消防安全等。总体来说，城镇办事处的主要职能是服务职能，缺少执行本行政区域内的经济和社会发展计划、预算以及行政执法等重要职能。同时，城镇办事处的编制少（现有13个编制），在编和编外的工作人员也少。一旦推进"村改居"、并入新社区，城镇办事处将面临权小、责大、缺人等困境。因此，盂县首先需要处理好城镇办事处的职责与编制，以满足"村改居"后社区服务和治理需求。

社区治理状况同样影响"村改居"的效果。除了存在村民参与积极性不高、社区治理行政化等共性问题外，有以下两大问题亟须关注。一是物业管理问题。与农村不同，城市社区的运行和部分公共事务治理需要物业的参与。由于农村公共事务的支出基本由村委会承担，农民长期以来并没有缴纳物业费用的意识，虽然在名义上已成为城市居民，但由于收入有限，加之缺乏城市物业观念，常常出现居民拒绝缴纳物业费以致物业管理难以为继的问题。这会引发社区事务治理主体权责利失衡、治理事务边界模糊化与治理共同体意识缺乏等困境。并且，这种观念和治理模式的转变需要长时段的、渐进性的过程，影响着"村改居"后的社区治理。二是"两栖"农民问题。"两栖"农民在城乡之间来回穿梭，这种流动性与社区治理的边界性和封闭性产生冲突。由于他们的户籍不在社区，社区在许多公共事务上难以形成有效管理，同时他们也无法享受许多社区的公共服务和福利。"村改居"涉及农民身份和权利系统的转变，"两栖"农民的存在增加了身份和权利系统转变的成本。

前述社会治理问题本质上是由于城乡社会治理体系与治理方式之间的差异所致的。在此意义上，"村改居"算是一种融合城乡社会治理体系与治理方式的尝试，而如何实现两者之间的有效衔接则是推进"村改居"必须慎重考虑的问题。

三　县域发展与治理的理念对"村改居"的约束

"村改居"是推动和适应城市化建设和发展的重要路径，主要包括三个方面：第一，在城市周边地区或镇所在地成建制地实施"农转非"；第二，将居民的农业户籍成建制改为非农业户籍；第三，将作为农村基层自治组织的"村民委员会"改为城市性质的"居民委员会"。但是，"村改居"远非土地"农转非"、农民身份改变、基层自治组织换个牌子那么简单。由于对其内涵和意义的解读片面化和简单化，常常导致"村改居"进程出现诸多困境。

"村改居"本质上是一种政府主导的城市化策略，即政府作为城市经营者对城市化进程进行人为筹划，依托行政力量加以推进和落实。该策略背后隐含着三重驱动力量：其一是对实现城市化目标的需求；其二是土地财政的需求；其三是统一管理的需求。三者共同构成了推进"村改居"的基本动机。城市化有其作为前提的经济社会条件门槛，但地方政府有时候会忽视对这些门槛的考虑，在"村改居"过程中倾向于将城市化化约为单纯的政策目标，采取"生拉硬拽"的方式强行实现城市化。因此常常出现一些错误做法。如"为财政而城市化"。有一些地方政府借"村改居"之名将集体土地转为国有土地，以获得发展经济所需的建设用地指标，通过发展房地产获取土地财政收益，实现经济发展。如"为城市化而城市化"。有一些地方政府为了追求城市化，盲目推进"村改居"工作，无视或无力承担"村改居"的成本。这种将"村改居"视为追求城市化的"工具"的做法往往会遗留很多问题。再如"为方便管理而城市化"。与农村相比，城市社区居住集中，社区居委会作为具有强烈行政色彩的基层组织机构，更方便管理。

事实上，由于涉及城乡管理体制转换、集体经济组织改制、农民权益保障和社区公共服务建设等一系列重要问题，"村改居"是一项法律性、政策性很强的系统工程，需要充分考虑方方面面的问题。同时,"村改居"是我国长期实行城乡二元政策的产物,背后体现了农民身份及其附着的权利系统之变迁。如果"村改居"的推行不与农民身份及其附着的权利问题相匹配,会使得长期以来城乡二元结构体制积累的问题更加凸显出来。如前所述,民众希望进行"村改居"的原因是对美好生活的向往和需求,想通过"村改居"获得更好的生活条件和发展条件,缩短城乡差距。如果没有认识到"村改居"背后的深层意义,满足村民对美好生活的需求,就容易造成民众心理失衡。

此外,为了"村改居"能够顺利实施,政府还需要及时与民众沟通,使他们能够全面清晰地理解"村改居"。从表2-1可见,超过四分之一的村民不知道或说不清"村改居"的内涵,这将极大地制约"村改居"推行的速度和效果。总而言之,无论是政府还是民众,他们对"村改居"的内涵和意义理解不一,甚至可能存在错误的、模糊的理解,这可能会导致较严重的沟通与协调问题,对"村改居"的推进造成较大影响。

四 集体经济运营与发展对"村改居"的约束

"村改居"面临着集体经济组织改制和处置集体资产等问题,涉及原村民的实际利益和收益分配。集体经济组织不仅具有经济功能,还担负着组织和发展农民的政治和社会治理功能,是完善社会治理、推动社会发展的重要支撑。"村改居"后集体经济组织的改制是否还能发挥其功能来改善社区治理和提升治理能力,是需要考虑的重要问题。而集体资产的分配和运营更是直接关系到村民的利益。在"村改居"过程中确保集体资产安全,防止集体资产流失是需要注意的重要问题。如何保障集体资产的合理分配和高效运营,为村民增加收入,为社区公共事务治理提供支持则是"村改居"需要重视的另一重要问题。从盂县的情况来看,其集体经济发展主要存在两大问题,对"村改居"的推进形成了一定的约束。

第一,政经分设模糊。虽然自2020年起,盂县开始探索在基层党组织领导下,明晰农村集体经济组织与村民委员会的职能关系,实行组织机构、组织职能、组织资产、财务收支、财务核算"五分离",但在不少村庄中依然还存在"未分离"的现象。这是干群矛盾和不公平分配的重要致因。进行"村改居"需要对集体经济组织改制。实践表明,受集体资产改制进展缓慢、体制掣肘、政策落实不到位等因素所困,再加上长期以来农村管理的惯性影响,许多"村改居"社区的集体经济组织改制不到位,社区居委会与经营管理原村民集体资产的经济合作社(或公司)人员重合,有些甚至是党组织、居委会、合作社主要成员三交叉。① 造成这种现象的原因是部分基层干部和群众对社区集体经济组织与自治组织关系认识模糊,也可能是长期受人治治理结构的惯性影响。这种惯性影响很难在短期内消除,导致不少地方在"村改居"过程中并未能完全实现集体经济组织与自治组织清晰划分,从而影响了"村改居"的效果。

第二,集体经济发展薄弱。这主要体现在两个方面,具体如下。一是存在较为严重的负债问题。调研数据显示,在36个样本村庄中,负债的行政村占比超过一半(为64.7%),负债的平均金额为100万元左右。而从村集体独立偿还债务的能力情况来看,不能独立偿还债务的村集体占比超过了一半(为54.4%)。严重的负债问题会影响"村改居"后集体经济的改制与发展。二是集体资产类型和集体经济发展形式较为单一,集体经济经营理念较为落后。调研发现,盂县乡村集体资产的类型主要有以土地为主的资源性资产,以厂房和店铺为主的经营性资产,以村委会办公大楼为主的用于公共服务的非经营性资产。除了一些区位和资源条件较好的村庄可以发展旅游休闲、采摘养殖和加工厂等产业,

---

① 杨贵华:《城市化进程中的"村改居"社区居委会建设》,《社会科学》2012年第11期。

多数的村庄主要通过出租土地、厂房和店铺等获得集体收入。而有一些村庄虽然没有区位和资源优势，却能通过转变集体经济经营理念，实现集体经济的飞速发展。如孙家庄镇的王炭咀村是典型的纯农业村，坚持以绿色为导向的发展方式、以创新为动力的发展路径和以文化为灵魂的发展特色，大力发展休闲农业，闯出了一条乡村振兴的新路子。

总的来说，比较单一的集体资产类型和集体经济发展形式、落后的经营理念等因素制约了村社经济的发展。这种影响具有持续性，将会影响"村改居"后集体经济的发展，不利于集体经济发挥其对社会治理的有利功能。

五 县域经济发展与财政状况对"村改居"的约束

相较于城市，多数县域的经济实力和产业基础支撑较为薄弱，导致县域城镇化的发展速度缓慢，这在中西部地区尤甚。盂县是一个典型的资源型县域，依靠丰富的煤炭资源，第二产业发展迅速，2021年第二产业在产业结构中比重达58.6%，一定时期内加速了当地城镇化的发展。但盂县因煤而兴，也因煤而困。盂县产业结构单一，经济增长高度依赖煤炭资源型产业，接替产业发展缓慢，文化旅游业、现代服务业、高新技术等产业也发展缓慢。同时，盂县的煤炭资源相对集中于少数乡镇，多数乡镇缺乏煤炭资源而以农业为主，县域内经济发展不平衡性较大。这种产业结构导致产业的发展特别是第三产业难以发挥增加城镇就业机会、加速农村人口向城镇转移的作用。"村改居"后农民转为市民，不仅仅是户籍身份的转化。如果农民在身份转换后仍旧从事农业生产，县城不能提供充足、体面、稳定的就业岗位，"村改居"效果势必大打折扣。随着煤炭资源的枯竭、煤炭市场的波动和发展战略的转型，盂县这种资源型县域的城镇化进程会面临更大的困难。

表 2-2　　　　2017—2021 年盂县一般公共预算收支情况　　（单位：万元）

	2017 年	2018 年	2019 年	2020 年	2021 年
一般公共预算收入	56983	81162	86286	75002	89749
一般公共预算支出	191563	211623	267982	287619	237533
收支比	1∶3.36	1∶2.61	1∶3.11	1∶3.83	1∶2.65

数据来源：2017—2021 年盂县《国民经济和社会发展统计公报》。

目前，我国县级财政并不宽裕，压力较大。近年来，由于经济增速放缓叠加房地产发展压力，地方政府尤其是县级财政压力增大，特别是疫情防控、生态环境治理、应对人口老龄化、推进基本公共服务均等化等都需要增加刚性财政支出，对土地出让金等非税收入的依赖加深，部分县城严重依赖转移支付，财政质量问题比较突出。① 如表 2-2 所示，近五年来，盂县一般公共预算支出均超过了一般公共预算收入的 2.6 倍，收支矛盾突出。2020 年，受新冠疫情和更大规模减税降费政策影响，全县经济运行面临着前所未有的挑战，财政收入大幅下降，但刚性支出不断增加，收支矛盾突出，收支比达到近五年中的峰值（为 1∶3.83）。虽然 2021 年有所好转，一般公共预算收入有所增加，但一般公共预算支出比前两年减少了。这直接影响了公共服务供给，造成卫生健康支出、城乡社区支出、公共安全支出等财政支出的下降。盂县的财政压力可见一斑。

而实现"村改居"涉及人、财、地诸多要素，需要政府承担大量的公共成本。"村改居"后，将城镇公共服务覆盖到社区与居民所需要投入的必要资金量，主要包括：一是"村改居"后为新增城市居民提供医疗卫生、生活保障、教育、文体计生、就业失业和社会治安等公共服务所需的社会保障成本；二是

---

①　韩柯子：《以县城为重要载体的城镇化：逻辑、约束与路径》，《探索》2022 年第 4 期。

"村改居"后为新增城市居民解决住房所需的住房成本;三是"村改居"后为确保社区运转所需的道路交通、邮电通信、水电燃气、能源环境等基础设施建设成本;四是"村改居"后为确保基层治理组织有效运转和维护社会稳定所需的社区治理成本等。并且在这些由政府承担的公共成本支出中,学校、医院和保障房等属于需要一次性投入的成本,社会保障、义务教育、卫生保障等则是需要按年度支出的动态累积性成本,在达到稳定状态前必然导致县级财政压力逐年递增。

经济发展水平和财政收支情况影响着"村改居"的推进及其效果。要缓解资金来源和财政压力,仅仅依靠县级政府和"村改居"中土地转让的一次性收入并不可取,需要建立合适的机制,依靠政府、市场和农民共同解决。

六 城乡差距对"村改居"的约束

近年来,虽然我国城乡差距有不断缩小的趋势,城乡居民收入倍差从2008年起连续13年下降,2020年降至2.56。但从世界范围来看仍然处于较高水平,城乡区域间、产业间的发展不平衡现象仍然十分突出,农村长期落后于城市的发展格局没有明显变化。[①]

"村改居"的目的是使农民在身份、地位、社会权利及生产生活方式等各方面向现代市民转变,并融入城市社会,缩小城乡差距。但现有的城乡差距也会对"村改居"的推进起到约束作用。本质上,"村改居"涉及的转型成本是为消除城乡二元体制下长期形成的城乡户籍制度、经济管理体制、社会管理体制和城市建设管理体制等差异,进行城乡一体化改革,所必须付出的转型代价。

---

① 李实:《中国特色社会主义收入分配问题》,《政治经济学评论》2020年第1期。

经济发展、产业结构和财政收支状况会制约"村改居"进程,特别是财政压力增大不利于"村改居"后的公共服务供给。城乡差距则会进一步加剧"村改居"后的财政压力。"村改居"后社区公共服务功能凸显,由向原住居民拓展为向社区全体居民提供公共服务。从公共服务供给水平来看,城市与乡村之间依然存在较大的差距。以低保为例,2022年阳泉市的城市低保标准为627元/人·月,农村低保标准则为478元/人·月,① 两者相差24.8%。从公共服务经费来源来看,农村由集体经济组织负担绝大部分的公共事务管理费用,"村改居"后的城市社区则需要转变为由公共财政来负担公共事务管理费用。从公共服务需求来看,随着社区居民生活水平提高,他们的服务需求层次相比"村改居"前越来越高。因此,"村改居"后必然需要大量的财政支出来实现农村社区转城市社区、农民转居民的公共服务延伸,并且这种城乡差距的填补并非一次性投入即可完成,而要动态累积性地投入。一旦"村改居"后社区公共服务落后和保障不足,则容易导致社区公共事务治理"真空"。

除了公共成本,农民还需要承担"村改居"的个人成本。个人成本是指"村改居"后农民转变为市民,他们为维持在城市的基本生活和享受基本权利等所投入的成本,包括部分社会保障成本、部分子女教育成本、部分居住成本、食品支出成本、交通通信成本和就业成本等。如表2-3所示,盂县农村居民的收入和生活水平不高,38.8%的居民认为自家的经济状况与其他家庭相比处于中等以下,41.5%的居民认为与新冠疫情前相比,自己的经济状况变差了。而城乡差距会进一步增加农民承担个人成本的负担。2020年盂县城镇居民人均可支配收入

---

① 《〈关于提高城乡低保、城乡特困人员救助供养保障标准的通知〉的解读》,2022年4月1日(http://xxgk.yq.gov.cn/mzj/fdzdgknr/zcjd/202205/t20220505_1335361.shtml)。

34827元，农村居民人均可支配收入16454元，收入倍差约为2.12，城乡收入差距较大。而从人均消费支出来看，2020年盂县城镇居民人均消费支出18483元，农村居民人均消费支出10183元。城乡消费水平也存在较大差距，并且当年的城镇居民人均消费支出远大于农村居民人均可支配收入。因此，不能忽视农民自身承担市民化成本的能力相对薄弱的现实，当他们"被抛入"城市，"不得不"接受城市化时，城乡生活的成本差异会造成一些农民的生计困难。此外，农民群体内部存在经济状况高低差异的情况也不能忽视。通过对盂县36个样本村庄的调研发现，2021年村庄之间人均年收入最大为75000元，最小为6500元，倍差约为11.54。"村改居"究竟会放大还是缩小农民群体内部的贫富差距，这是需要关注的重要问题。

表2-3　　　　　　　　盂县村民经济状况统计

项目	选项	百分比（%）	项目	选项	百分比（%）
与本地其他家庭相比，自己的经济状况等级评估	下等	19.1	与2019年新冠疫情前相比，自家的经济状况变化情况评估	差了很多	15.3
	中下等	19.7		差了一些	26.2
	中等	55.5		跟过去一样	38.1
	中上等	5.6		好了一些	16.8
	上等	0.1		好了很多	3.6
总计		100	总计		100

总之，城乡差距给"村改居"的推进带来了巨大的诸项成本。要实现农民在身份、地位、社会权利及生产生活方式等各方面向市民转变并融入城市社会，需要在"村改居"过程中充分保障农民的权益，提高农民市民化的成本分担能力。

第四节 "村改居"应注意的治理难题

"村改居"是一项涉及土地资源调整、基层社区建设、集体资产处理、村民身份转换、公共服务延伸等若干具体内容的基础性工作，关系到老百姓生活的方方面面，需要在党委、政府的统筹领导下，协同市场和民众多元主体，进行系统而全面的规划。但正因为这种"规划先行"具有强烈的主观意愿，推进过程中就特别需要坚持以下两点：第一，先期规划的合理性（行政角度）；第二，生活状态的过渡性（村民角度）。结合国内外"村改居"实践和盂县的经济社会现实情况，我们认为，应注意"村改居"过程中的六大治理难题。

一 土地收益分配的公平问题

对村民而言，"村改居"意味着"失地"。无地的城市居民和以土地谋生的农民存在着谋生方式上的根本性差异，而谋生方式的转变无法在短期内实现，因此土地如何"变现"以保障失地农民的基本生计就显得尤为重要。"村改居"后土地如何处理、土地收益如何分配将直接影响"村改居"的进度及后续遗留问题的产生和解决。具体而言，需要考虑如下两个问题。

第一，比较心理与被剥夺感。以获得商业用地为目标的土地征收往往容易导致征地补偿纠纷的产生。通过将征收而来的土地划为商业用地并投放进二级土地市场，地方政府可从中得到丰厚的差价。其间的收益差很可能导致村民不情愿按照既定补偿标准出让土地。目前的征地补偿主要通过货币安置和土地置换两种方式进行，这两种方式均不能有效解决征地冲突。就货币安置而言，村民同政府之间对土地的估值基准不同，村民基于土地未来所能够产生的预期收益进行估值，政府则基于土地及其附着物的当前价值进行估值，其间的差距难以弥合。就土地置换而言，土地置换一般采取以土地面积折算新建商品房面积的方式进行补偿。考虑到"村改居"的征地工作往往是分阶段进行，不同阶段的被安置村民往往被安置在不同的区域，这些区域价值的差异也会引发村民之间的相对剥夺感。此外，在盂县也出现了由于集中安置的商品房存在质量问题，引发村民不满的问题。总之，村民预期与实际补偿措施不符所造成的被剥夺感很可能对"村改居"进程产生阻力。

第二，土地资本化与收益不公。货币化安置进一步加剧了土地资本化，使得"村改居"社区的非农阶层与农业阶层两极分化严重。掌握土地补偿收益配置权的村干部和掌握土地财富的企业主或农村精英从中牟取暴利，而普通村民特别是农村边缘群体在失去土地之后丧失了唯一稳定的收入来源，更难以有上升的空间。为了合理处置包括土地在内的集体资产，很多地区都选择采用股份合作制，将集体资产按一定的标准折股量化到人。然而，由于村民对集体资产管理的信息了解有限，掌握土地补偿收益配置权的村干部处于天然的优势地位。并且由于股权划分的形式在各地有所不同，资产分割的依据并不统一，而掌握划分权的精英阶层同边缘阶层在其中的收益并不对等。

二 行政规划与村民意愿的协调问题

不同于自发的城市化进程，"村改居"是行政规划的产物。出自单一政府视角的行政规划无法全盘考虑各地村民差异化的利益诉求，往往存在"行政规划优先，群众诉求在后"的倾向。表现如下：

第一，"村改居"目标的工具性取向。行政力量是"村改居"得以迅速开展的强大推手，但它带有鲜明的目的性。由于"村改居"的目标设计主要出自行政部门的内部规划，一旦立足于行政官员的主观判断而没有充分考虑不同地区的差异化需求，容易出现目标异化问题。考虑到部门目标的多重性，"村改居"

也有可能沦为实现其他目标的政策工具。如在国内一些地区出现了借"合村并居"之名，行"消化烂尾房之实"的情况。另外，当"村改居"的推进同村民的利益诉求产生分歧时，置实现行政目标于优先地位极易导致公权力对私权利的倾轧。

第二，"村改居"进程中的行政强制取向。在"村改居"过程中，政府常常采取"命令—管控"的政治约束形式推进目标。这种方式严重限制了村民同政府之间的有效沟通，使得村民的合理诉求难以表达与满足，甚至会进一步激化工具性取向所带来的诸多问题，容易导致官民冲突、事后遗留问题的产生。

总之，无论是工具性取向还是行政强制取向，都容易忽略民众的合理利益诉求，是引发社会矛盾或纠纷的重要致因。

三　村庄的多样化发展问题

"村改居"需要考虑村庄是否具备被纳入城区的基本条件。目前各地的政策文件主要从五个方面进行了规定。

第一，人口结构。一些村庄由于邻近城区，很多村民可以选择进城务工或定居，获得城市户籍，多地政策将居民户籍人口占本村人口一半以上的村庄列为"村改居"对象。

第二，人均耕地面积。一些村庄由于耕地面积有限，无法通过农业耕作满足村民基本需求，因此多地政策将"耕地不足以满足村民生产生活基本需要"列为条件之一。如东莞市明确规定，人均耕地面积不足0.12亩的村庄可以被纳入"村改居"规划。

第三，产业结构。由于部分农村着力发展农业以外的其他产业，村庄已摆脱对于土地的依赖，因此多地政策将2/3以上的村民不以农业收入作为主要生活来源的村庄纳入"村改居"规划。

第四，行政规划。村委会所辖区域位于土地利用总体规划确定的城镇建设用地规模边界内的村庄可被纳入"村改居"

规划。

第五，集体资产与债务。集体资产债务债权得到妥善处置，完成资产改制，产权关系明确的村庄可被纳入"村改居"规划。

在考虑上述条件的同时，还需要结合当地实际情况进行规划。事实上，各地关于"村改居"条件的规定并不完全相同。如石家庄、商丘等地要求上述条件需要全部具备方可被列入"村改居"规划，而东莞等地则要求上述条件择一即可。

另外，"村改居"推进过程还需避免"一刀切"问题。一些城市在推进"村改居"时对本地不同村庄的差异缺乏考虑，采取"一刀切"的方式全面铺开，导致政策与当地现实严重脱节。对此需要考虑两个基本问题，具体如下。其一，是否适合进行"村改居"。"村改居"是顺应城镇化趋势之举，但这并不意味着它对所有村庄都是有益的、必要的。其二，适合何种类型的"村改居"。即便是适合进行"村改居"的村庄，也不应该盲目采取"一刀切"的处理方式。村庄的区位、产业甚至文化差异都可能影响其对"村改居"政策的适应性，并对"村改居"的阶段安排、搬迁方式、补偿手段等提出不同要求。但这并不意味着要采取"一村一策"的方式，而是要求更多的政策弹性以便为回应村民诉求留有余地。总之，在开展"村改居"之前，既需要对区域内不同村庄的基本情况加以了解，也需要保留一定的政策弹性以应对村庄的不同状况。

最后，"村改居"在多数情况下都具有阶段性，在推进任何阶段前需要事先考虑并处理好可能存在的历史遗留问题。一些村庄在"村改居"初期并未处理好村集体资产和债务清偿问题，随着"村改居"的推进，涉及的村庄主体越来越多，这些遗留问题就越发难以解决，极有可能成为"村改居"后的不稳定因素。

四 社区治理的转换与过渡问题

"村改居"后村庄面临着社区治理的转换与过渡问题，主要包括管理体制与公共服务供给的转换与过渡。在组织架构上，通过组建社区居委会来取代原村委会，前者不再承担集体经济职能，但被赋予了更多社会管理和公共服务职能，服务属性更加凸显。但制度惯性会影响这一转变的实现，导致某些过渡性问题的产生。比较突出的问题如下。

第一，"影子组织"。① 村集体经济的存在使得村委会长期以来承担着居委会所不具备的经济职能，也因此掌握着集体经济的管理权。"村改居"后这一经济职能往往被剥离出来，通过成立股份合作社来对集体资产加以管理。而股份合作社的管理成员则往往由原村委会成员担任，这使得他们仍可以利用原村集体组织遗留下来的政治、组织和经济等资源对社区公共事务治理施加影响。

第二，两委并存。从村委会向居委会的转变既需要制度层面的认可，也需要财政方面的投入。根据法律规定，撤销村委会需要村民会议讨论同意后，报县人民政府批准。但由于制度惯性和回迁事务的遗留性，村委会往往不会被轻易取代。特别是如果上级政府投入资源有限，居委会无法正常发挥功能，村委会常常被保留下来。根据资源投入与村委会强弱状况的不同，两委并存可能会采取两种模式，具体如下。一是平行共存。村委会的组织架构保留并承担原有职责，新组建的居委会承担城市社区的新增职能。两者职能平行，容易造成各自为政、相互掣肘的问题，从而制约城市基层治理的建设与发展。二是"一个班子，两块牌子"。在原村委会的基础上组建居委会，原村委会成员身兼两职，行使双重职能。依循原有管理方式的村干部面对新增社区事务时可能显得无能为力，难以处理新的社会治

---

① 此处的"影子组织"指解体后仍然具有一定的组织、动员资源能力的旧村委会成员。尽管作为正式组织建制的村委会已不复存在，但其成员仍然能够凭借他们掌握的资源（集体资产、信息、人脉等）对社区事务施加影响。

理问题。

第三，居民参与缺乏有效渠道，参与积极性较低。村委会作为集行政、社会、经济职能为一体的自治组织，具有较强的整合能力，并且村委会成员同村民之间的联系相对密切，可以更有效动员村民参与村公共事务。"村改居"后的社区更具开放性和流动性，居民构成多元，组织化程度有所下降。现有的社区居民组织以兴趣类的社团组织为主，权益维护类的居民组织较少，居民参与缺乏组织渠道。从村民参与公共活动情况的数据来看（如图2-5所示），公民政治参与的积极性低，60.1%的村民表示从未参与过公共活动，13.1%的村民表示很少参与。同时，居民的参与意愿较低，不利于社区自治的有序运行。调研发现，74.3%的居民表示"村改居"后不想竞争当居委会干部，整体参与意愿较低。

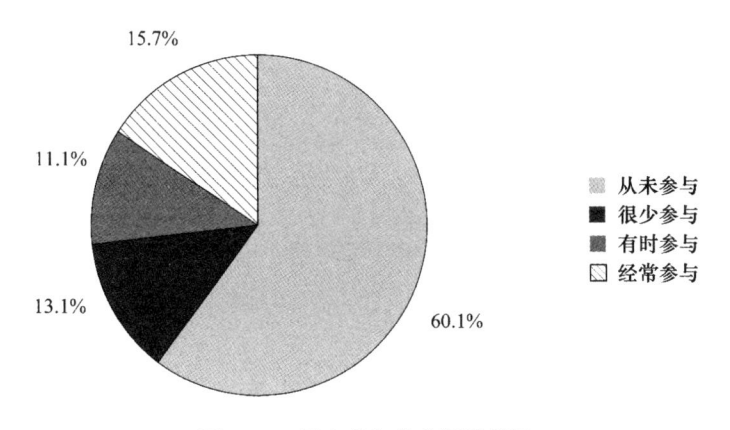

图2-5 民众参与公共活动状况

村委会向居委会的转变不仅体现在组织架构层面，还体现在职能层面，特别是公共服务供给。与村委会相比，居委会需要承担更多与城市生活相适应的公共服务职能，但城乡分治造成的权限、资源和职能差异给职能转变带来诸多挑战。并且"村改居"居民在公共服务体系中处于一种非城非乡的尴尬位置，使得社会保障政策的设计和实施充满困难。总的来说，主要面临着以下两大问题。

第一，从"烧小灶"到"财政饭"。村委会向居委会的转变首先是一个政经分离的过程。居委会不再拥有管理集体经济、处置集体资产的职能，因而也就丧失了通过"筹资筹劳"解决经费问题的能力。居委会的运转经费由上级人民政府全额拨付，其提供公共服务的能力很大程度上取决于上级政府的财政支持力度。对地方政府来说，新建居委会会加重财政和人力负担。而一旦地方政府没有余力投入足够的资源，就很可能导致居委会的公共服务职能流于形式。最终，在编制相对稳定的前提下，管理新设社区的任务和负担只能由现有机构分担，这无疑会增加其工作压力，影响提供公共服务的效能。

第二，公共服务延伸。农民向市民的转变，不仅包括户籍和生活方式的改变，还有医疗、养老、教育等社会保障与公共服务供给的改变。如何妥善解决公共服务的延伸问题，涉及农民身份、权利系统的变化以及治理方式的变化。公共服务延伸既涉及公共成本，也涉及农民的个人成本。尽管政府对"村改居"有一定的财政补贴，但仅靠一次性的土地补偿款很难支持缺少稳定工作的村民持续性的医疗、教育和养老等支出。

五 村民的生活与生计问题

"村改居"对于村民原有生活空间的改变会对其生活习惯和谋生方式产生重大影响，主要体现在以下三个方面。

第一，居住环境从开放到封闭。当前的"村改居"大多会采取合村并居、集中居住等方式将农民统一搬迁进小区单元楼。相较于以平房院落为主要特征的农村社区，以公寓楼为基本单元的城市小区更具封闭性。院落的消失使得公私空间之间失去了连接场域，小区内的公共场地也比较有限，习惯了直接接触的村民可能不适应封闭的社区环境。居住结构由扁平化向立体化的转变也使得居民交往既需要跨越楼层，也需要跨越区块分隔的单元，这无疑增大了居民（特别是行动不便的老年人或残疾人）日常生活和参与公共活动的不便。

第二，生活习惯的差异。居住环境的变化也影响着"新居民"的生活习惯。农民带着在农村的生活习惯进入城市社区，这些习惯同城市社区之间可能存在冲突。如很多农民习惯于以种植和交换的方式去获得蔬菜、水果等生活必需品，失去土地后，他们很难接受通过市场交易获取必需品的观念，因而出现了居民占用公共绿地种菜的情况。另外，社区空间的封闭性也影响了原村民的日常交往。由于楼层和单元区隔，公共空间有限，居民之间的直接接触机会减少，淡化了曾高度密切的村民关系，导致他们参与公共事务和集体活动的积极性受到影响。

第三，生计困难。"村改居"后，土地与农民相剥离，农民丧失了长久以来赖以为生的手段。由于文化水平偏低、缺乏专业技术，他们进入城市后面临严重的就业问题。特别是前两年受新冠疫情影响，经济和就业形势更加严峻，并且安置补偿的物质资本容易引发就业惰性，进一步阻碍农民融入城市生活。加上进城后，农民的生活成本上升，此消彼长下，失地农民更加难以维持生计。

因此，在进行"村改居"规划时，需要考虑村民对新生活的适应性问题。

六　社区治理共同体的转型问题

"村改居"后，附着在原村庄环境之上的社会资本和文化认同也不可避免地遭到破坏。被"抛入"陌生环境下的"新居民"失去了维系认同的物质凭依，继承自农村集体生活的社区共同体意识面临转型，主要表现为以下四个方面。

第一，社会关系流失。随着居住空间的转变，传统农村的"熟人社会"特征逐渐消散，相对稳定的乡土关系遭到瓦解，取而代之的是更具流动性的、单元分割的异质性社区空间。新社区中包含大量本村村民之外的外来人口，这些外来人口是"陌生的"，这无疑使得原来以血缘和直接接触为基础建立的互惠型社会关系网络成为无根之木。最终村庄原有的社会网络趋于崩解，而新的社会网络则难以在短时间内建立，人际信任和互助关系遭到削弱，个体在新生活中更加孤立。

第二，集体记忆离散。在农村，村民们依靠在同一片土地上共同的生活经历来维系村庄社会记忆，这片土地所拥有的物质特征（如寺庙、戏台、碑亭）和生活实践都是维系和创造集体记忆的源泉。随着居住空间和生活习惯的变化，那些附着在物质空间和风俗习惯之上的集体记忆自然也难以维系。当前的生活实践同历史记忆之间产生巨大反差，既会导致村民对新生活产生不协调感，也会加深代际观念鸿沟。不同于中年和老年一代，青年一代更容易适应城市社区生活，老、中、青三代的生活理念不同会导致集体记忆越发碎片化并最终走向消亡。

第三，自我认同失调。从农民到居民的身份变化在心理层面上表现为自我认同的转变。失地农民需要在城市生活中重新找回"自我"社会定位。但"被动居民化"的失地农民在极短的时间内被抛入陌生的城市空间，认同转变滞后于空间的转变，导致他们成为游离于农村和城市之间的文化"他者"。而且不同于单纯进城务工的有地农民群体，失地农民没有回到农村这一退路，因而在自我认同方面缺乏弹性空间。

第四，规范价值体系失落。由于维系乡土共同体的空间环境不复存在，乡土共同体长期共享的规范价值体系也遭受市场价值的冲击。土地征收加速了土地资本化，使得劳动作为财富积累的主要手段甚至美德的观念逐步瓦解，对土地资本的逐利心和投机心所代表的市场价值逐渐占据主导地位，村民或被动或主动地融入以市场价值为主核的城市规范体系。在新的社会价值体系建立之前，缺乏像乡土关系网一般能够消化社会冲突的社会网络，增大了基层治理的难度。

第五节 结论与建议

中国农民和农村的城市化，不仅是生产和生活方式的转型，居住地区与人口规模的变化，更是身份、权利系统的变化，治理方式的变化。作为城市化与市民化的重要内容，"村改居"的目标应是城乡一体化、居民平权化，进而实现社会的良政善治。"村改居"不仅仅是短期内的土地"农转非"、农民身份改变、村社组织换牌问题，更涉及城乡管理体制转换、集体经济组织改制、农民权益保障和公共服务均等化等一系列深层次问题，需要克服和解决城乡差距、土地的价值与功能、社会治理转型、城市化意涵解读、集体经济组织与集体资产经营、经济发展与财政状况约束等问题。这是一项包括政治、经济和社会诸方面的系统工程，需要集合政府、市场和村民各方力量，群力群策，最终实现共建共治共享。在推动"村改居"过程中，应该更为关注现有城乡二元结构下城乡之间的差距及其深层原因，应该关注农民身份转变及其背后的权利系统的变迁，应该关注城乡社会治理体系与治理方式之间的过渡与衔接。

一 公平分配土地收益，兼顾当前利益和长远利益

推进"村改居"的核心目的是满足民众对美好生活的追求，而不是政府通过"村改居"换牌来彰显其"城市化"的政绩，更不是通过土地性质的转变来谋取土地增值的利益。因此，兼顾当前、着眼长远不仅是"村改居"取得显著成效的基础保障，更是实现可持续性发展的必然要求。

第一，规范推进土地资源量化。"村改居"后，集体土地收益如何分配成为颇受关注的问题。土地整理是收益分配过程中的首要环节，其目的在于明晰权属以避免后续收益分配不公。在集体土地、原村民自留地的征用中，要规范土地整理行为，

保证土地整理质量，确保土地整理工作的有效完成。对此，第一，要坚持土地资源处置安全原则，防止土地资源流失。对于土地以及其他集体资产，可以委托专业机构，全面清查核实各种资产、负债和所有者权益，界定权属，明确产权关系，确保土地及集体资产的存量记录真实可靠。第二，要坚持保护土地所有者权益的原则。特别是集体所有的工农业、商业用地原则上应作价入股，不能借改革之机"平调"集体资产、剥夺所有者权益。

第二，有效盘活土地资源能效。为避免"村改居"后，村民由于"坐吃山空"土地征收所得的一次性货币补偿沦为城市贫民，陷入"征地—失业—补偿—难就业"的生计困局，盘活土地能效是关键。一是对于"村改居"后村民获得的房产，及时确权和颁发不动产证书，使其变成"活资本"。二是充分发挥市场配置资源作用，充分调动各类主体积极性。通过发挥村民的自主性，引进优质市场主体，盘活土地资源效能，充分利用土地资源发展各种类型的经济，增加居民收入，同时也可以为社区治理提供一定的资源支持。三是要着眼于长远利益，合理规划和使用土地资源，为集体的发展留下足够的资源。

第三，公平实现土地权益分配。要坚持公平公正原则和维护社会稳定的原则。"村改居"的土地权益分配利益关系复杂，政策性强，要制订科学方案，先行试点，总结经验，再逐步推进。要秉持"尊重历史、承认现实、实事求是"的原则，合理界定权益分配资格，尤其要保护"外嫁女""入赘郎""代耕农"等特殊群体的合法权益。要坚持民主协商和共治共享原则。通过搭建村民参与土地收益分配的协商平台，促使村民参与土地权益分配过程，加强对土地权益分配主体与行为的监督，从而推进土地权益分配更加民主、公开与公平。

二 发挥政府统筹规划作用，充分尊重村民自主意愿

在推进"村改居"过程中要理顺政府和村民关系，既要发

挥政府统筹规划作用，又要充分尊重村民自主意愿，实现双方共建共享共赢。

第一，以政府为主导，统筹规划"村改居"工作。"村改居"是一项涉及土地资源调整、基层社区建设、集体资产处理、村民身份转换、公共服务延伸等问题的系统性工程，必须发挥政府统筹主导作用，坚持"规划先行"，系统而全面地考察各方面条件。首先，要正确明晰"村改居"的内涵与意义，避免出现"为财政而城市化""为城市化而城市化"和"为方便管理而城市化"等错误认识。其次，要全面系统分析本地推进"村改居"可能遇到的约束性条件和应该注意的问题，在充分调研摸底、科学规划论证的基础上，按照相关法律法规以及上级政府政策文件的规定，制订符合本县实际的"村改居"实施方案。最后，加大"村改居"相关政策方案和实施措施的宣传力度，向村民深入传达"村改居"工作对社会经济发展的重要意义，并细致解读"村改居"工作所涉及的各项惠民政策，消除干部群众疑虑，调动村民配合工作的积极性，为顺利推行"村改居"工作营造良好的社会氛围。

第二，以村民为主体，系统参与"村改居"工作。"村改居"关涉村民切身利益，厘清村民对"是否要改"以及"如何改"等问题的看法，是确保该项工作顺利开展的前提条件。首先，针对"是否要改"问题，县政府应该事先广泛收集村民意愿，从整体上把握推行"村改居"的难易程度，依照试点先行、渐进式铺开的工作思路稳妥推进。其次，针对"如何改"问题，村民需要什么，村民最有发言权。因此，县政府在制订"村改居"工作方案时，应该充分征求村民意见，通过座谈会、问卷调查等形式聚焦村民关注的重点难点问题，对工作方案进行完善、细化，提升实施方案的科学性、可操作性。同时，在政府的统筹规划与管理下，赋予村民一定的规划权、管理权、主导权。如2009年云南省昆明市官渡区季官村在启动"村改居"规划时，摈弃由房地产开发商主导的改造模式，改由村集体担当操盘手，走自主开发、先建后拆之路，最终仅用时8天，便完成了对老村342户的拆迁工作。由此可见，顺利推进"村改居"工作的关键在于体现"民利优先"，无论是早期的方案制订抑或后期的项目执行，发挥村民的主人翁作用都是赢得村民配合的最有效方式，这为迅速完成"村改居"工作奠定了坚实基础。

第三，构建政府与村民协商平台，促进"村改居"更加民主、公开。在推进过程中，要发挥政府统筹主导作用，以政府主导来带动社会参与，培育社会自主力量，充分激发村民自主意识和参与意识，有效避免"命令—管控"式政治约束机制所导致的村民沟通空间被压缩、社区规划不合理、管理不到位和村民利益得不到保障等问题。同时，构建多方主体民主协商平台，制定相应的协商参与机制，为多方主体的协商、协同、协作提供支持与保证。

三　确保社会保障落实到位，加快农民市民化步伐

在城镇化进程中，受城乡二元结构体制的影响，城乡社会保障制度在范围和水平上存在较大差异，能否及时实现社会保障的转移接续成为影响村民"村改居"意愿的重要因素。

第一，健全城乡一体化社会保障体系。首先，根据政府的财政状况，有针对性地制定社会保障相关政策。如提高被征地农民参加基本养老保险的财政补助额度，并将补助标准适当向困难群体倾斜。其次，允许社区居民根据自身的经济状况自主选择农村合作医疗保险或城镇居民医疗保险，做好政策衔接工作。总之，秉持"应保尽保"的原则，确保将符合条件的失地"村改居"社区居民尽数纳入城镇居民低保范围，有条件的"村改居"社区还可以设立城市居民最低生活保障金支出专户，专款用于被征地农民基本养老保险、医疗保险等个人保障性费用支出，切实保障好困难群众的基本生活。

第二，提高农业转移人口市民化质量。推进农业转移人口市民化是以人民为中心的新型城镇化的充分体现。在"村改居"过程中，能否使边缘群体在基础设施以及教育资源、医疗卫生、社会保障、公共文化等方面与城市居民同城同权，已然成为衡量农业转移人口市民化质量的标准。首先，以数字化技术为支撑，通过搭建数据信息平台，实时掌握农业转移人口在教育、医疗、住房、就业等基本公共服务方面的享有情况。其次，提升失地农民就业创业能力，最大程度降低"失地即失业"的风险。如杭州市江干区在对改制社区村民予以社会保障的同时，则开创"1245"援助模式，通过组建就业援助员队伍、扩大政策覆盖面、提升政策扶持标准、对项目进行指导和资金支持等举措，以"社会保障+就业创业"双轨并进，加快推进失地农民市民化步伐，实现稳步转型。

第三，要大力发展经济，确保社会保障落实到位。经济发展水平和财政收支情况影响着"村改居"的推进及其效果。仅仅依靠县级政府和"村改居"中土地转让的一次性收入，显然无法完全确保社会保障落实到位。只有经济发展水平提升了，才能够有足够的资金和财政支付"村改居"所需的公共成本和个人成本。

四 分步渐进式推进，平稳实现"村改居"的过渡

"村改居"是一项涉及基层社区建设、集体资产处理、公共服务延伸等问题的系统性工程，这决定了"村改居"必然是一个长期的、渐进性的过程。因此，需要坚持分类指导、精准施策，实现平稳过渡。

第一，精准定位和区分村庄类型。在起草"村改居"工作方案的初始阶段，要充分考虑各个村庄的区位条件、发育程度、自身特色等因素，有针对性地采取差异化的规划方式，避免"一刀切"。如福建省龙岩市、河南省安阳市在对各自县区下辖

的行政村进行重新规划时，将村庄划分成融合城郊类、集聚提升类、保护特色类、搬迁撤并类、整治改善类以及待定类等类别，再以此为基础选择"村改居"、保留抑或搬迁撤并等方式进行重新布局。

第二，实现社区治理平稳过渡。推进"村改居"过程中，如果采取一蹴而就式的"农转非"，不仅无法真正实现社区转型和农民市民化，还会造成社会的断裂。鉴于社区管理体制调整存在复杂性，可以根据不同社区的治理体系与治理水平状况，在一些"村改居"社区内实行逐步过渡政策。在过渡期内，通过扬长避短，充分发挥已有社区治理体制与组织机构的长处，维护社会稳定。同时，不断完善社区治理体制，明晰各治理主体的职能权责界限，多渠道、多方式选拔和培养优秀管理人才，激发社会组织、企业、居民等治理主体共同参与社区治理的意识与意愿。最终，实现社区治理平稳过渡。

第三，推动集体经济发展改制和创新。"村改居"要求集体经济组织从居委会中分离出来，这为初步理顺社区组织关系打下重要基础，同时也为集体经济的市场化和专业化提供可能。要让集体经济成为真正的市场主体，就必须推动集体经济的转型改制和创新。这既要求集体资产运营、集体资产市场化及集体经济组织管理等形式的创新，也要求集体经济发展方式的创新，实现集体经济由粗放式向集约化的转变。同时，不能丢弃集体经济组织对社会治理的价值和功能，特别是为推动"村改居"社区的平稳过渡提供财力支持。

五 推动社区文化建设，打造社区共同体意识

"村改居"后，尽管生活空间已由农村转移到城市，但原村民在生活方式和价值观念等方面与城市居民仍然存在较大差距。要实现新市民的生活方式和价值观念与城市顺利接轨，离不开植根于社区土壤的文化建设与承载着集体记忆的社区共同体的

情感认同。

第一，增强社区居民认同感，营造社区情感共同体。社区治理主体是社区共同体营造的关键力量。一是要充分发挥社区党组织的引领作用，发挥政治引领、整合资源、带动示范、社会动员、精神凝聚等作用，激发各主体公共参与社区共同体建设意识。二是激发居民参与社区治理活动的积极性，增强居民与社区间的利益关联程度，逐步引导其参与社区管理决策的讨论，促进居民在社区日常生活和互动中融入、认同社区。三是要着力培育各类社会组织（邻里组织、舞蹈队、书法社等），通过社会组织介入社会治理，开展各类社区服务活动，营造和谐的社会生活氛围。四是构建多元主体协同共治机制，在共同参与中增进居民对社区的整体认识，形塑出新的社区情感网络体系。

第二，营造和谐社区文化，提高社区内核凝聚力。一是以历史文化和传统仪式为依托，充分挖掘和弘扬优秀的传统文化和地域特色文化。通过文化活动，唤起社区居民对传统乡村文化生活的集体记忆，拉近居民间的心理距离。同时，在对传统社区社会记忆移植的基础上，打造时代气息浓厚、价值导向鲜明的"新传统"，使其成为重构社区内核凝聚力的重要载体。二是提升社区居民的科学文化素质与道德素养，营造社区精神。积极创建社区交往平台，以"村改居"社区居民喜闻乐见的传统民俗节日为载体，以文体活动为内容，增进社区居民间的文化互动性，构建文化氛围和谐的文明社区。三是推动社区文化共建共享。在共建共享中重建居民的社区及社会信任和认同，不断提高社区的内核凝聚力，形成良好的文化建设循环。

第三章　积极发展农村优秀人才入党

　　与城镇地区、其他社会阶层相比，农村党员发展是一个较为普遍的难题。这在中西部地区农村尤为突出：有学者在湖北的调研发现，党员老龄化、年轻党员不足是该地农村的普遍现象，东北地区的农村党员后备力量也不容乐观。即使在经济发达的东部地区，农村党员老龄化问题也不容忽视：比如山东某地农村党员中60岁以上党员的占比高达68%，连续10年不发展年轻党员的村子不在少数，甚至有的连续15年没有发展党员。实际上，农村党员队伍老龄化和一些村庄长期不发展党员，也是盂县基层党建和社会治理实践中的难题。近几年来，盂县各级党组织针对此难题积极探索，积累了值得肯定的若干经验，但也遭遇了一些值得重视的新挑战。

第一节　新时期农村党员发展工作的结构性难题

　　"农村党员发展难"之所以会成为全国性的普遍问题，有着深刻且系统的结构性原因。随着经济市场化和农村城镇化进程的加快，中国经历了一系列的社会转型：从自给、半自给的产品经济社会向社会主义市场经济社会转型；从农业社会向工业社会转型；从封闭半封闭社会向开放型社会转型；从城乡二元化结构的社会向城乡互动型结构的社会转型；从同质单一性社会向异质多样性社会转型；从伦理社会向法理社会转型；等等。在一定程度上，农村党员发展难问题乃是我国农村城市化进程加快、农村社会发生剧烈变迁的必然结果。这一结构性原因普遍发生于全国农村地区，在中西部农村地区表现得尤其突出。

一 "留守型农村"的形成及其约束

在外部经济机会结构驱动下，打工经济已成当前中西部一般农业型村庄的社会常态，青壮年纷纷外流，在村人口结构以老人等留守群体为主，留守特征突出。因此，有不少学者将此类村庄称作"留守型农村"。一般来说，留守型农村集体经济比较薄弱，有的基本上成为"空壳村"，村党组织和村委会缺乏发展集体经济的能力。更为严重的是农村基层公共财政资金紧张，影响到基层组织特别是村党支部的基本运转和职能发挥。在这种情形下，农村劳动力大量外出，且流出群体多数是青壮年劳动力、知识群体和致富能手。这些人能力较强，有理想、有追求、有活力，本应成为党组织考察、培养的重点对象，但恰恰因为外出务工，致使村级党组织面临无法发展合格后备力量的困境。

2021年第七次全国人口普查数据显示，山西省常住人口比2010年第六次全国人口普查时减少了79.65万人（占2.23个百分点）。更为严重的是，山西省人口老龄化程度进一步加重，15—59岁的人口比重下降6.65%，60岁及以上的人口比重上升7.39%。盂县的情况同样如此：同期人口减少了3万人。在我们调研的36个行政村中，村庄人口的平均在村率仅为49.13%，在村人口占比超过50%的仅有15个。在这些村随机抽取的799名在村村民中，50岁以下的仅占26%。我们同期调研的安徽潜山数据也显示，随机抽取的32个村庄中，各村的人口平均在村率为52.15%，在村人口占村庄总人口比重超过50%的也仅有12个。这表明对于中西部地区而言，"留守型农村"是一个较为普遍的现象。在村居民的这种年龄结构，必然导致农村党员发展面临青年人严重不足的问题。

农村人口流失带给乡村社会的，是整体治理和发展方面的系统性难题。比如，温池和桑园是我们在盂县调研的两个相邻村庄，前者常年在村人口512人，后者常年在村人口仅有211人；前者2021年村人均年纯收入2.3万元，后者仅为0.65万元；前者民房整齐、街道宽阔，是有名的党建先进村、全国文明村，后者则是一个生机缺失的困难村。

二 "否决型支部"的存在及其影响

农村社会在转型过程中，现代的法律、契约规范仍有待进一步加强，农民仍然受血缘等传统因素的强力影响，地缘、亲族等利益关系依然影响着村民内部格局。除了原有的传统宗族大户外，在一些地区，已将内部各种利益与关系的结合道义化与合理化，形成非正式的利益群体。如在一些地方的村委会选举和支部大会选举中，竞选方式逐渐从个人竞争发展到组团拉票，形成了不同派系的博弈格局。在此类村庄，村党支部书记往往会在党员发展问题上产生"思想包袱"，担心新发展的党员不是"自己人"，不属于自己的圈子，更担心新发展的党员不听自己的话，难以管控。由于派系竞争与冲突，党支部在发展党员工作上，往往出现党员相互否决、互设壁垒，以致长期无法按照组织流程正常发展党员。它们实际上已沦为"否决型支部"。

按党员发展流程，支部委员会讨论决定和党员大会讨论决定，是发展对象入党必经的重要环节。在"否决型支部"，由此存在两种作用机制：一是支部书记出于维持权力的需要，保证自己或其所属家族派系的权力地位，不愿发展党员，或只愿发展自己的亲友以培养"接班人"，从而在支部委员会讨论决定的环节对非本家族派系的发展对象行使否决权；二是在党员大会讨论决定环节，与支部书记派系相对立的党员以不参会（在可

第三章 积极发展农村优秀人才入党

造成参会党员不足半数局面时的策略选择）或参会投反对票的形式，阻挠支部书记家族派系的发展对象入党。在有些村庄存在其中一种作用机制，而在有些村庄则两种作用机制俱备。相较而言，第一种作用机制更为普遍。

在调研中，近三成的村民反映，村干部的亲友更容易入党（见表3-1），也有近三成的村民认为现在农村发展群众入党的工作"不公道"（见表3-2），三成多的村民认为现在想要入党的人想为个人谋利益（包含"两者都有"）甚至主要是为自己谋利益（见表3-3）。我们同期调研的安徽潜山与此有不太一致的结果。潜山数据显示，认为村干部的亲友更容易入党（见表3-1）和认为农村发展群众入党工作"不公道"（见表3-2）的村民均不足一成；认为想要入党的人是想为大家做公事的比例高出盂县14个百分点，认为他们主要是想为自己谋私利的仅有6%，低于盂县12.2个百分点（见表3-3）。这种地域性差异显示，"否决型支部"问题应是盂县需要重点注意和解决的问题。

表3-1　　　　关于现在农村哪些人更容易入党的调研结果

	山西盂县		安徽潜山	
	频数	有效百分比（%）	频数	有效百分比（%）
村干部的家人和亲戚	124	15.6	25	3.4
和村干部私交好的人	83	10.5	36	4.9
有钱人	16	2.0	16	2.2
德才兼备的人	431	54.3	513	70.0
其他	47	5.9	48	6.5
不知道	85	10.7	88	12.0
不回答	8	1.0	7	1.0
总计	794	100.0	733	100.0

表3-2　现在农村发展群众入党的工作，您觉得公道不公道

	山西盂县		安徽潜山	
	频数	有效百分比（%）	频数	有效百分比（%）
非常不公道	95	11.9	6	0.8
不太公道	117	14.7	63	8.6
比较公道	306	38.4	342	46.7
非常公道	118	14.8	203	27.7
不知道	154	19.3	109	14.9
不回答	6	0.8	10	1.4
总计	796	100.0	733	100.0

表3-3　在您看来，很想入党的人主要是为了什么

	山西盂县		安徽潜山	
	频数	有效百分比（%）	频数	有效百分比（%）
想为大家做公事	411	51.7	483	65.9
想为个人谋利益	145	18.2	44	6.0
两者都有	136	17.1	122	16.6
其他	3	0.4	17	2.3
不知道	92	11.6	62	8.5
不回答	8	1.0	5	0.7
总计	795	100.0	733	100.0

第二节　值得肯定的若干探索性经验

近年来，针对农村党组织党员发展的难题，盂县积极探索，采取一系列措施化解难题，现已取得较为明显的成效，积累了值得重视的经验。

一 聚焦"留守型农村"问题，回引青年人才

(一) 壮大集体经济

村集体经济状况直接关乎村庄青年人才的发展机会和留村意愿。为聚力乡村振兴，发展集体经济，盂县县委、县政府推进了"清廉乡村"建设与"清化收"活动。"清廉乡村"建设，旨在实现农村集体"三资"管理工作网络化、产权明晰化、运行阳光化、管理信息化。"清化收"活动则旨在清理农村集体经济的问题合同、化解村级债务、新增资源收入。

随着"清廉乡村"建设与"清化收"工作的逐步开展，特别是明确提出"十万清零、百万倍增"（亦即实现所有村集体经济都在十万元以上，且村集体经济在百万元以上的村数量要翻倍）的农村集体经济发展目标，给村干部发展集体经济带来了压力和动力。比如，有些乡镇采用了竞赛式的动员方法，在调动干部积极性方面效果显著。

在壮大集体经济的经验中，盂县特别注重发挥模范人物的带头作用。一是借助"抓党建促基层治理"专项行动之机，集合优秀乡村工作者成立"指导团"，充分扩展了模范人物施展能力的平台，起到良好效果。二是采取政治激励措施，吸收优秀农村党支部书记进入乡镇公务员队伍并直接担任副镇长职务。盂县近年采取此类激励措施共提拔了4名优秀党支部书记。优秀党支部书记在振兴乡村集体经济方面所能起到的作用是不可替代、不可或缺的，正所谓"农村富不富，关键在支部；支部强不强，关键在领头羊"。

在访谈中，有两件事给我们留下了深刻印象：一件是被提拔为牛村镇副镇长的后元吉村书记去梁家河参观学习时，发现那里有个醋厂，而后元吉村正好也有醋厂，他就找到梁家河的老书记谈醋厂合作的事情；另一件是，我们在上社镇上鹤山村访谈时，正好遇到一名村民到村委会找书记（该村书记也是被

提拔为副镇长的支部书记之一）取"工钱"。那位村民给村里一个工程队干活没领到工钱，就找书记帮着要钱。书记了解到工程队并非想欠账，只是资金周转有困难，要等一段时间才能给付。因此，他自掏腰包，先行垫付了工钱，而且并未告知那位村民是自己垫付的。这两件事体现了他们思路灵活且又甘于奉献，并获得了群众信任，如此才能团结起村民来共同发展集体经济。

（二）乡镇动员优秀青年回村任职

依托"贴心行动"与"能人回归"工程，盂县各乡镇积极动员优秀青年人才回村发展。据当地干部介绍："贴心行动就是对我们在外地的本土人建立人才库。每年年底的时候给人才库里的人发一封信和一些小的慰问品，以跟他们保持联系。这是一个好事情。就具体的事例而言，联系到一位在市林业局工作的老乡就能帮着解决树苗的问题。其实在外的人也希望争取政策、造福家乡。对在外面务工的人也要联系他们的家属，我们的发展要把他们看作后备力量。"

除了通过乡土情结进行情感动员，乡镇还以"两委"换届为契机，让敢担当、能带富、善治理的优秀人才回村竞选村干部甚至"一肩挑"岗位，通过真正为其提供施展抱负的机会进行理性动员。近年来，各个乡镇的此类动员工作均取得了明显效果，多数村庄实现了村两委成员中"45岁以下的占比45%以上"和"必须有一名35岁以下的干部"两项要求。一批有干劲的年轻人走上"村两委"主干的岗位，给盂县乡村发展带来新的气象。

二 创新工作机制，解决"否决型支部"问题

为破解"否决型支部"问题，盂县打出了一套包括"另辟蹊径""内部突破"和"外部施压"等措施在内的组合拳。

(一) 另辟蹊径：成立乡镇青年人才党支部

2019年，盂县县委开展在乡镇成立农村青年人才党支部试点工作，一年后在全县推广。在乡镇成立的青年人才党支部，直接隶属于乡镇党委管理，党支部书记一般由乡镇党委专职副书记或组织委员担任。青年人才党支部的设立，旨在为致富能手、农民专业合作经济组织成员、"土专家"、"田秀才"、复员退伍军人、外出务工经商人员、大学生村干部以及有志回乡创业的大中专毕业生提供入党平台，以规避"否决型支部"的消极影响。在青年人才党支部入党的党员，在时机成熟时再将组织关系转回所属村庄。这实际上也是为乡村治理和发展培养管理人才的重要机制。

我们的调研表明，青年人才党支部确实起到了实际作用。在每个乡镇，青年人才支部都有针对性地解决了部分村常年不发展党员的问题。2019年以来，各乡镇青年人才党支部共发展党员16名，并储备入党积极分子108名，培养青年人才83名。

(二) 内部突破：发挥下派书记的作用

相对于成立乡镇青年人才党支部的"外部"运作，下派干部到村任职则有望从"内部"攻破"否决型支部"的堡垒。一般而言，下派干部具有"一碗水端平"的"外来"优势，可以打破村庄既有的相持不下的权力格局，瓦解不同派系的"否决权"。正是由于下派书记的这些优势，乡镇层面也倾向于在下派干部任职期间，在党员发展指标上给予倾斜，从而快速高效地解决多年不发展党员等疑难问题。在调研中，乡镇干部均对下派书记解决常年不发展党员问题的作用给予积极评价。

(三) 外部施压：强化县乡党组织对乡村党组织的工作监督

依托"党支部书记星级化管理"和"党员积分管理"两套办法，盂县致力于实现乡村党组织日常管理的规范化，提升其开展工作的积极性和能动性。受访乡镇干部和村干部表示，这两套办法实际上为乡镇管理党支部书记、党支部书记管理党员，提供了现实的可操作的抓手。

就党员发展工作而言,党支部书记星级化管理可以将党员发展情况同其星级评定与工资绩效绑定联系,从而可以在一定程度上解决支部书记因怕麻烦而不愿发展党员的问题。党员积分管理可以将党员的会议出勤率同其积分核算挂钩,从而可以在一定程度上解决因党员会议出席率不过半而无法发展党员的问题。

当然,两套办法的实施要想取得实际的效果,还需要配套的工作机制。有的乡镇就在配套工作机制方面开展了创新性的实践。如牛村镇的配套性措施,一是包片包村干部列席村里的党员会。他们不参与村里决策,但是得列席,从而掌握村里开会的实际情况;二是村里"三会一课"、主题党日、组织生活会的会议记录复印件一月一报,让镇上可以看到真实的签到情况。到年底的时候对照签到算积分。这些做法的实质,是强化乡镇对于村里执行情况的监督,以防止人情因素稀释制度的作用。

第三节 农村党员发展的初步成效

通过上述探索性实践,盂县农村党员队伍结构及其素质出现了明显的好转,但仍然有待改善和提升。

一 党员规模水平总体较高,结构失衡依然存在

截至2021年7月,盂县共有党员19739名,其中农村党员11177名,占比为56.6%,农民党员6884名,占比34.9%。从中央组织部和山西省委组织部公布的数据来看,同期全国农民党员占党员总数的比重为27.13%,山西则为29.1%,盂县农村党员规模高于全国和山西的平均水平。然而,党员规模在不同村庄之间却存在明显的不均衡性。在我们调研的36个村庄中,表3-4显示,村党组织党员人数最多的为107名党员(肖家汇),而人数最少的仅有10名党员(小独头)。从党员数量与

户籍人口的对比来看，每100名村户籍人口中最多有7.52名党员（肖家汇），而最少的仅有1.53名党员（拦掌）。当然，相较于党员数量占户籍人口的比重，党员数量占在村人口的比重更能反映基层党组织服务村民的基本能力。最后一个指标显示，每100名在村人口中，党员数量最多已达32.08名（椿树底），而最少的仅有2.55名（东梁）。

表3-4　　　　　　　样本村人口数量与党员数量比较

村名	总人数	在村人口数	在村人口占比	党员总数	党员/总人数（%）	党员/在村人数（%）
肖家汇	1423	—	—	107	7.52	—
椿树底	705	159	22.55	51	7.23	32.08
黄树岩	893	237	26.54	62	6.94	26.16
石家塔	321	78	24.3	21	6.54	26.92
樊家汇	613	267	43.56	37	6.04	13.86
后川	360	360	100	20	5.56	5.56
藏山	710	180	25.35	37	5.21	20.56
小横沟	565	389	68.85	29	5.13	7.46
北上社	741	560	75.57	37	4.99	6.61
王炭咀	347	201	57.93	17	4.9	8.46
东木口	948	650	68.57	46	4.85	7.08
东庄头	1400	360	25.71	67	4.79	18.61
山北	1162	460	39.59	55	4.73	11.96
泥河	1039	690	66.41	49	4.72	7.10
闫家沟	777	450	57.92	35	4.50	7.78
桑园	402	211	52.49	18	4.48	8.53
上鹤山	915	267	29.18	40	4.37	14.98
兴道	2245	1054	46.95	96	4.28	9.11
西关头	348	90	25.86	14	4.02	15.56

续表

村名	总人数	在村人口数	在村人口占比	党员总数	党员/总人数（%）	党员/在村人数（%）
寺家坪	846	350	41.37	34	4.02	9.71
温池	1112	512	46.04	44	3.96	8.59
南坪	1265	420	33.20	50	3.95	11.90
青崖头	1176	750	63.78	46	3.91	6.13
侯党	1320	250	18.94	51	3.86	20.40
河底	466	188	40.34	17	3.65	9.04
涧沟	1282	830	64.74	44	3.43	5.30
南村	1348	—	—	40	2.97	—
郭家坪	680	680	100	20	2.94	2.94
后元吉	1051	624	59.37	30	2.85	4.81
南社	1532	800	52.22	39	2.55	4.88
西社	855	427	49.94	20	2.34	4.68
东梁	1973	1689	85.61	43	2.18	2.55
西盂北	1035	300	28.99	21	2.03	7.00
小独头	527	150	28.46	10	1.90	6.67
拦掌	2028	874	43.10	31	1.53	3.55
交口	1050	600	57.14	—	—	—

就年龄状况而言，55岁以下党员人数在盂县党员人数中的占比为51%，而在农村党员人数的占比仅为43.7%，低于全县平均水平。在36个村党支部当中，平均年龄50岁以下（不含50岁）的仅有2个（郭家坪与南村）；当我们把标准放宽到55岁以下（含55岁）时，村党支部数量增至22个。此外，有7个村党支部成员的平均年龄已在60岁以上（含60岁），最高达65岁（西社）。

在各个年龄段中，村中35岁以下的党员最多达到了20名（黄树岩），也有两个村没有35岁以下的党员（西盂北和温池）。

35—55岁的中壮年党员数量最多的村有30名（南村），但也有4个村没有中壮年党员（后川、西关头、东梁和樊家汇）。55岁以下党员占比能够较好地反映村党支部的老龄化程度。从这一指标看，占比在20%以下的村有6个（后川、东梁、西盂北、樊家汇、上鹤山、温池），当我们把宽限放至30%以下时，这一范围内的村庄又增加了6个（东木口、小独头、兴道、东庄头、后元吉、肖家汇）。55岁以下党员占比超过50%的村，仅有8个（南坪、北上社、拦掌、黄树岩、河底、王炭咀、南村、桑园）。这表明，在盂县农村，党员队伍老龄化是一个较为普遍的问题。

表3-5　　　　　　　　　　样本村支部党员年龄状况

村名	党员数量	党员平均年龄	35岁以下党员数	35—55岁党员数	55岁以下党员数	55岁以下党员占比（%）
后川	20	50	2	0	2	10.00
东木口	46	60	1	9	10	21.74
西关头	14	55	5	0	5	35.71
南坪	50	50	8	17	25	50.00
泥河	49	50	8	16	24	48.98
小横沟	29	55	2	12	14	48.28
北上社	37	55	6	16	22	59.46
拦掌	31	53	6	16	19	61.29
涧沟	44	60	1	14	15	34.09
石家塔	21	60	3	4	7	33.33
椿树底	51	54	1	16	17	33.33
黄树岩	62	52	20	17	37	59.68
藏山	37	—	—	—	—	—
小独头	10	51	2	1	3	30.00
兴道	96	64	4	20	24	25.00

续表

村名	党员数量	党员平均年龄	35岁以下党员数	35—55岁党员数	55岁以下党员数	55岁以下党员占比（%）
交口	—	56	7	—	—	—
山北	55	—	10	10	20	36.36
东庄头	67	50	2	15	17	25.37
西社	20	65	4	—	—	—
闫家沟	35	—	—	—	—	—
青崖头	46	59	5	11	16	34.78
寺家坪	34	50	1	13	14	41.18
东梁	43	55	8	0	8	18.60
河底	17	54	2	7	9	52.94
王炭咀	17	53	3	7	10	58.82
郭家坪	20	45	3	4	7	35.00
西孟北	21	55	0	3	3	14.29
南村	40	40	4	30	34	85.00
南社	39	—	—	—	—	—
侯党	51	—	—	—	—	—
桑园	18	51	3	10	13	72.22
樊家汇	37	50	5	0	5	13.51
上鹤山	40	55	5	2	7	17.50
后元吉	30	60	4	4	8	26.67
温池	44	55	0	6	6	13.64
肖家汇	107	61	8	24	32	29.91

二 党员发展状况总体良好，村际不均衡性同样显著

在36个样本村党支部中（见表3-6），过去十年间发展党员数量最多的为南坪（11名），但也有7个村党支部没有发展党员（黄树岩、藏山、西社、闫家沟、西孟北、南社、上鹤山），占到样本村总数的19.44%。此外，在过去十年间，还有

11个村(后川、东木口、泥河、石家塔、小独头、交口、南村、侯党、桑园、樊家汇、温池)仅在2021年才发展了党员。

从新发展党员的情况看(见表3-7),近十年间,盂县共发展党员2827名,其中农村发展党员1334名,占比47.19%。依此计算,十年间每村每年平均发展了1.18名党员。不过,农村党员发展情况同农村党员规模一样,在不同村庄之间存在明显的不均衡性。就新发展党员的年龄结构而言(见表3-7),近十年来,盂县农村共发展45岁以下党员1072名,占农村发展党员总数的80.36%。在文化程度上看,大专及以上学历的新发展党员835名,占比达62.6%。可见,盂县在党员发展方面具有明显的年轻化、知识化偏好。图3-1反映了盂县党员发展状况十年间的变迁走势,全县农村新发展党员占当年新发展党员总数的比重总体上升,45岁以下和大专及以上学历农村新发展党员占当年农村新发展党员总数的比重也呈现了上升趋势,这说明盂县总体上的党员发展状况良好。由此可见,盂县党员发展特别是青年党员发展的难题,主要表现为党员发展在村际间的不均衡性,部分村庄长期未能发展党员特别是年轻党员。

表3-6　样本村2012年以来发展党员数量与2021年发展指标

	党员数量	2012年以来发展的党员数	近十年新发展党员人数占比(%)	2021年党员发展数	2021年收到的入党申请书数
后川	20	1	5.00	1	7
东木口	46	1	2.17	1	3
西关头	14	2	14.29	0	0
南坪	50	11	22.00	0	4
泥河	49	3	6.12	3	0
小横沟	29	2	6.90	0	2
北上社	37	4	10.81	1	8

续表

	党员数量	2012年以来发展的党员数	近十年新发展党员人数占比（%）	2021年党员发展数	2021年收到的入党申请书数
拦掌	31	5	16.13	2	3
涧沟	44	5	11.36	1	6
石家塔	21	1	4.76	1	2
椿树底	51	4	7.84	1	9
黄树岩	62	0	0	0	4
藏山	37	0	0	—	—
小独头	10	1	10.00	1	4
兴道	96	8	8.33	—	—
交口	—	3	—	3	2
山北	55	8	14.55	4	1
东庄头	67	6	8.96	1	6
西社	20	0	0	0	11
闫家沟	35	0	0	0	0
青崖头	46	8	17.39	0	0
寺家坪	34	6	17.65	1	2
东梁	43	4	9.30	0	6
河底	17	3	17.65	1	1
王炭咀	17	5	29.41	1	1
郭家坪	20	3	15.00	0	2
西孟北	21	0	0	0	4
南村	40	1	2.50	1	3
南社	39	0	0	0	2
侯党	51	1	1.96	1	4
桑园	18	1	5.56	1	3
樊家汇	37	1	2.70	1	2
上鹤山	40	0	0	0	0
后元吉	30	5	16.67	1	9
温池	44	2	4.55	2	7
肖家汇	107	7	6.54	0	6

表 3-7　　2012—2021 年盂县党员发展情况

年份	当年党员发展数量	当年农村党员发展情况			
		当年农村党员发展数量	45 岁以下党员数量	45 岁以下党员占比（%）	大专及以上学历党员数量
2012	380	160	113	70.63	75
2013	360	148	109	73.65	69
2014	260	111	69	62.16	58
2015	220	97	71	73.20	56
2016	240	108	89	82.41	63
2017	220	105	88	83.81	70
2018	220	110	95	86.36	86
2019	220	117	105	89.74	90
2020	243	136	128	94.12	103
2021	464	242	205	84.71	165
总数	2827	1334	1072	80.36	835

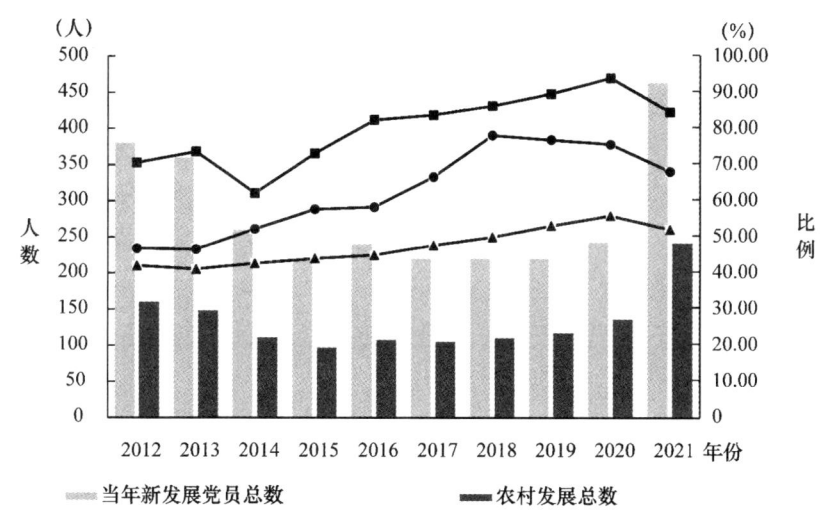

图 3-1　2012—2021 年盂县党员发展变迁走势

第四节 农村党建工作的群众评价

群众基础是党的生命力所在。党的群众基础，既是影响党员发展工作的基本因素，也是反映党建工作实际成效的主要指标。衡量党的群众基础，一看群众对党的信任状况，二看群众的入党意愿，两者均可显示群众对党的认同和支持态度。

一 群众的政党信任

党员是党组织的人格化体现，是活跃在群众身边的党组织。因此，群众对党的信任应与其对党员的观感有关。可喜的是，我们多个面向的访问数据显示，盂县农村居民对中共党员持有较高的评价，对共产党怀有深厚的感情。表3-8的数据显示，盂县群众对党员给出了总体上的积极评价，认为他们"和普通群众确实不一样"（61.5%）、"比普通群众更有能力参与公共事务"（77.5%）、"比普通群众会更积极参与公共事务"（78.2%）、"的确为村里公共事务做了贡献（65.5%）、"能起到模范带头作用"（65.6%）、"在群众中有较好的形象"（62.8%）。

表3-8　　　　　　　　　　　对党员的评价

		非常不同意	不同意	同意	非常同意	不知道/不回答
我觉得党员和普通群众确实不一样	山西盂县	6.0%(48)	24.7%(197)	37.2%(297)	24.3%(194)	7.8%(63)
	安徽潜山	7.5%(55)	17.5%(128)	41.3%(303)	29.1%(213)	4.6%(34)
我觉得党员比普通群众更有能力参与公共事务	山西盂县	2.9%(55)	11.0%(128)	49.7%(303)	27.8%(213)	8.5%(68)
	安徽潜山	1.8%(13)	11.6%(85)	42.8%(314)	38.9%(285)	4.9%(36)

续表

		非常不同意	不同意	同意	非常同意	不知道/不回答
我觉得党员比普通群众会更积极参与公共事务	山西盂县	3.3%（26）	10.8%（86）	48.0%（383）	30.2%（241）	7.8%（62）
	安徽潜山	0.8%（6）	9.0%（66）	43.3%（317）	41.3%（302）	5.5%（41）
我觉得党员的确为村里公共事务做了贡献	山西盂县	7.5%（60）	16.3%（130）	43.5%（347）	22.0%（175）	10.7%（85）
	安徽潜山	2.3%（17）	11.6%（85）	43.2%（317）	35.3%（259）	7.4%（55）
我觉得我们村的普通党员能起到模范带头作用	山西盂县	8.5%（68）	16.3%（130）	42.0%（335）	23.6%（188）	9.5%（76）
	安徽潜山	3.1%（23）	11.7%（86）	42.6%（312）	37.0%（271）	5.7%（41）
党员在群众中的形象并不太好	山西盂县	23.2%（185）	39.6%（316）	19.5%（156）	9.6%（77）	8.0%（64）
	安徽潜山	31.0%（227）	48.7%（357）	11.2%（82）	2.2%（16）	7.0%（51）

注：括号中为频数。

群众对政党信任的另一个重要指标是群众对政党的期待。表3-9数据表明，普通村民对党员素质的期待依次为有公心（37.3%）、工作能力强（23.0%）、能致富（17.6%）、文化程度高（9.5%）、年轻（5.5%）。他们对党员最大的期待就是想为老百姓办事（有公心），能为老百姓办事（工作能力强、能致富）。

表3-9 关于发展群众入党最应该看中哪一条的调研结果

	频数	百分比（%）	有效百分比（%）
文化程度高	76	9.5	9.5
工作能力强	183	22.9	23.0
有公心	297	37.2	37.3
能致富	140	17.5	17.6
年轻	44	5.5	5.5

续表

	频数	百分比（%）	有效百分比（%）
不知道	54	6.8	6.8
不回答	2	0.3	0.3
总计	796	99.7	100.0

表3-10表明，群众对党员的期待还有明显的"义务"倾向。绝大多数受访者认为，党员应该比群众承担更多的工作任务（92.7%）、更关心国家大事（92.2%）。为了让党员更好地尽义务，可以让他们"对村里事务应该比普通群众有更大的发言权"（79.2%），但不应"在村里的福利分配中享有优先权"（62.6%）。此种期待，与党组织对党员"全心全意为人民服务""吃苦在前、享乐在后"的要求极为一致。

表3-10　　　　　普通村民对党员的期望

		非常不同意	不同意	同意	非常同意	不知道/不回答
在工作中党员应该比普通群众承担更多的任务	山西盂县	0.3%(2)	2.4%(19)	40.1%(320)	52.6%(420)	4.7%(37)
	安徽潜山	0.5%(4)	3.4%(25)	41.7%(306)	49.7%(364)	4.6%(34)
党员比一般群众更应该关心国家大事	山西盂县	0.1%(1)	2.4%(19)	40.1%(320)	52.1%(416)	5.3%(42)
	安徽潜山	0.3%(2)	3.4%(25)	41.7%(306)	49.9%(366)	4.6%(34)
党员对村里事务应该比普通群众有更大的发言权	山西盂县	2.6%(21)	11.4%(91)	41.3%(329)	37.9%(302)	6.8%(54)
	安徽潜山	4.0%(29)	14.1%(103)	45.2%(331)	30.8%(226)	6.0%(44)
党员在村里的福利分配中应该享有优先权	山西盂县	33.4%(266)	29.2%(233)	17.1%(136)	9.5%(76)	10.8%(86)
	安徽潜山	—	—	—	—	—

注：括号中为频数。

二 群众的入党意愿

村民特别是青年村民的入党意愿是乡村党组织群众基础的重要观察指标。当问及被访问者的入党意愿时（见表3-11），表示"非常想"与"比较想"的村民共计469位，累计占比59%。在280位入党意愿较低的村民中，235人的年龄在50岁以上。也就是说，入党意愿与年龄相关，那些表示现在不愿意入党的重要原因是自身的年龄较大，而绝大多数年轻人的入党意愿较高。

为佐证上述结论，我们就"年轻有为村民的入党意愿"继续追问被访者。表3-12显示，近九成村民认为青年愿意入党。由此可见，党组织对于村民具有较大的吸引力，这是盂县破解农村青年党员发展难题极为有利的条件、最为坚实的基础。

从以上各表所列山西盂县与安徽潜山的访问数据来看，两县在党组织的群众基础较为一致。这也显示，盂县的党建工作取得了显著实效。

表3-11　　　　　各年龄段村民自身的入党意愿

	非常想	比较想	不大想	很不想	不知道	不回答	总计
18—35岁	50.0% (31)	37.1% (23)	4.8% (3)	3.2% (2)	4.8% (3)	0.0% (0)	100.0% (62)
36—49岁	48.8% (61)	16.0% (20)	25.6% (32)	6.4% (8)	2.4% (3)	0.8% (1)	100.0% (125)
50—59岁	42.0% (89)	23.1% (49)	26.9% (57)	3.8% (8)	2.4% (5)	1.9% (4)	100.0% (212)
60岁及以上	35.9% (142)	13.6% (54)	35.1% (139)	7.8% (31)	5.8% (23)	1.8% (7)	100.0% (396)
总计	40.6% (323)	18.4% (146)	29.1% (231)	6.2% (49)	4.3% (34)	1.5% (12)	100.0% (795)

注：括号中为频数。

表3-12　　　　　　　不同年龄段认为青年人的入党意愿

	非常想	比较想	不大想	很不想	不知道	不回答	总计
18—35岁	51.6%(32)	33.9%(21)	8.1%(5)	0.0%(0)	6.5%(4)	0.0%(0)	100.0%(62)
36—49岁	40.9%(52)	44.1%(56)	4.7%(6)	0.0%(0)	10.2%(13)	0.0%(0)	100.0%(127)
50—59岁	52.6%(111)	36.5%(77)	3.3%(7)	0.5%(1)	6.6%(14)	0.5%(1)	100.0%(211)
60岁及以上	48.6%(193)	36.8%(146)	4.8%(19)	0.3%(1)	9.3%(37)	0.3%(1)	100.0%(397)
总计	48.7%(388)	37.6%(300)	4.6%(37)	0.3%(2)	8.5%(68)	0.3%(2)	100.0%(797)

注：括号中为频数。

表3-13　　　在您看来，现在多数年轻有为的群众愿不愿意入党？

	山西盂县		安徽潜山	
	频数	有效百分比（%）	频数	有效百分比（%）
非常想	388	48.7	354	48.4
比较想	300	37.6	283	38.7
不大想	37	4.6	30	4.1
很不想	2	0.3	0	0
不知道	68	8.5	61	8.3
不回答	2	0.3	4	0.5
总计	797	100.0	732	100.0

第五节　新时期农村党员发展的新挑战与建议

"农村党员发展难"之所以会成为普遍性问题，有着深刻的结构性原因。随着农村城市化进程加快、农村社会发生剧烈变迁，"留守型农村"和"否决型支部"问题仍将长期存在。此外，盂县在探索性实践中还遭遇到一些值得进一步深入研究的新挑战。比如，不同村庄之间资源禀赋存在较大差异，部分乡村无法依靠自身资源实现集体经济的振兴；许多外出务工青年因与乡村缺乏组织联系而"乡忆"日淡，将来回村发展的可能性降低，青年人的大量流失势必影响到党员队伍的有生来源。在县内企业工作但在村生活或可经常回村工作的优秀青年，也因受政策所限，无法通过乡村党组织入党。虽然盂县近年来的探索在缓解这些问题上取得了明显成效，但仍有必要在系统总结和发扬既有经验的基础上，针对不断出现的新挑战提出新思路、找到新办法、探索新路径，取得新的更大的成就。为此，结合基层同志的意见，我们提出如下建议。

其一，统筹县域资源推进农村集体经济的"村际合作"。留住青年、吸引人才关键在经济，而农村经济发展关键在集体经济。鉴于盂县的产业状况和资源分布，发展农村经济或可将视域打开，树立多种形式的发展思路，从乡域甚至县域的视角统筹推进，重点扶持乡域或县域的多样性项目，包括发展"异地经济"。如在有条件的地方试点多村共建的集体经济项目或积极引导村庄参股县域优势资源开发项目，促进村庄间的取长补短，形成规模经济效应。

其二，防范党员发展工作中对流动人口的"关门主义"。应正视农村人口流动的广泛性与持久性，做好在流动人员中发展党员工作。凡是符合在户籍地入党条件，又能以一定方式、一定程度参与乡村治理和发展的优秀外地务工青年，也可作为乡村党组织的发展对象予以适当考虑。还应在此基础上创新工作机制，加强流动人员与流出地之间的常态化联系，为其深度参与乡村治理和发展，并适时动员其回村任职发展提供便利。

其三，以"村企合作"方式积极发展农村青年人才入党。按照《中国共产党发展党员工作细则》第六条的规定："申请人应当向工作、学习所在单位党组织提出入党申请"，在县域内企业工作但居村生活或可经常回村工作的优秀青年，无法通过乡村党组织入党。因此，可以开展村企合作，由企业党组织与村党组织联合对优秀青年进行考察，既按照规定通过企业党组织吸收入党，又在此过程中加强村党组织的参与，今后可通过组织关系转接等方式为乡村发展做出更大贡献。

第四章　强化农村党员的身份意识与先锋作用

据《中国共产党党内统计公报》显示，截至2021年底，中国共产党党员中的农牧渔民达2592.3万名，建立党组织的行政村达491129个。在乡村全面振兴的背景下，农村基层党组织是落实和执行各项政策、压实并推进各项工作的政治优势所在与核心力量源泉，广大农村党员干部应在组织群众、动员群众、服务群众的过程中勇当乡村振兴的领头人与生力军。

随着社会经济发展与社会结构变迁，我国乡村治理与基层党建的过程中出现了一些新现象与新问题。一方面，农村基层治理中服务群众、保障民生、促进发展、维护稳定等多方面工作，亟待党组织引领方向、汇聚力量；另一方面，农村党员队伍中少数党员身份意识弱化、宗旨意识不强，未能在乡村全面振兴过程中发挥应有的先锋模范作用。因此，如何强化农村党员的身份意识、充分发挥其先锋模范作用，不仅是加强农村基层党组织建设的应有之义，也是推进乡村振兴与治理现代化的关键问题。

近年来，盂县农村基层党建工作也在一定程度上遇到了上述问题，并积极结合自身实际进行了有益探索。课题组基于实地调研情况，以农村党员的身份意识及其作用发挥为主题，聚焦党员积分制管理等具体工作，展开如下分析。

第一节 农村党员身份意识与作用发挥的现状

农村基层党组织是实施乡村振兴战略的领导力量,承担着引领乡村、建设乡村、振兴乡村的重要职责,但也受到乡村社会结构变化、农民利益诉求多元化、党员干部队伍素质差异化等多方面因素的影响。

一 党员身份意识的现状与问题

中国共产党党员应该牢固树立党员身份意识,"不论担任何种职务、从事何种工作,首先要明白自己是一名在党旗下宣过誓的共产党员,要用入党誓词约束自己"①。所谓党员身份意识,指的是党员基于对党的性质与宗旨、党员义务与权利等的正确认识与深度认同,形成的对自身党员身份的认知、把握与遵从。党员身份意识,既是党员个体自我认知的体现,也影响着其行为方式,并在群众面前外化为党员形象。可以说,党员身份意识是新时代党建工作的重要基础,是全面从严治党的重要内容。因此,"全党同志要强化党的意识,始终把党放在心中最高位置,牢记自己的第一身份是共产党员,第一职责是为党工作,做到忠诚于组织,任何时候都与党同心同德"②。

具体来看,党员身份意识包括以下四个方面。③ 一是党员的思想身份意识,强调党员在坚持党的思想理论知识学习与运用过程中,自觉自主地努力提升自身的理论素养与理想信念。二是党

---

① 《十八大以来重要文献选编》(上),中央文献出版社2014年版,第132—133页。
② 《十八大以来重要文献选编》(上),中央文献出版社2014年版,第766页。
③ 孟献丽:《不忘初心 强化党员身份意识》,《光明日报》2018年2月27日第5版。

员的政治身份意识,强调严格遵守党的政治纪律与政治规矩,明确认识并坚定担负党员的政治义务与政治责任。三是党员的组织身份意识,强调严格遵照党的组织章程要求,遵守党的组织纪律,参与党的组织生活,维护党的组织团结,等等。四是党员的行为身份意识,强调在实践中敢于向群众亮出自己的身份,在急难险重的任务前勇担党员责任,成为人民群众利益的捍卫者。

随着世情、国情与党情的不断发展变化,加之乡村基层社会的新问题与新挑战,少数农村党员出现身份意识淡化的现象。激发党员身份意识,强化党员自我身份认同,进而巩固理想信念、深化宗旨意识,成为推动党的建设伟大工程的重要基础。为了准确把握党员身份意识的现状,课题组在村民问卷中设计了相关题组。

图4-1展示了受访个体对党员身份凸显度的3个测量题目的态度。其中,25.4%的受访者并不同意"我知道自己身边哪些人是党员"的陈述,较为直观反映了农村基层中党员身份的隐匿化程度。对于"我觉得党员和普通群众确实不一样"的陈述,61.5%的受访者持肯定态度,30.7%的受访者并不同意这个说法。也就是说,在近三成的受访者眼中,党员形象与普通群众趋于同质化。问卷还收集了农民对"我发现党员平时很少

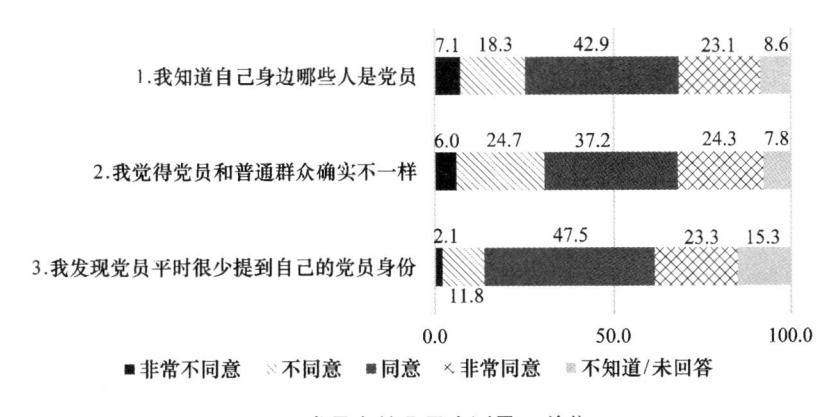

图4-1 党员身份凸显度测量(单位:%)

提到自己的党员身份"的看法，70.8%的受访者表示同意。这也说明确实存在党员身份意识的弱化，以及对党员身份遮遮掩掩的情况。

对于上述3个题目，受访的党员与非党员之间的意见有所差异。如图4-2所示，前两个题目中，党员对自身身份凸显度的正面态度明显高于非党员群体，在党员形象弱化这个问题上，党群之间的观念差异较大。唯有党员群体自身深刻认识到这一问题，才有可能从观念上发生转变，满足群众对党员形象的期待。此外，在党员提及自己身份方面，党群之间看法相似，都认为提及度不高，这进一步说明了该现象的普遍性。

图中数据：
- 1. 我知道自己身边哪些人是党员：非党员 2.78，党员 3.59
- 2. 我觉得党员和普通群众确实不一样：非党员 2.79，党员 3.34
- 3. 我发现党员平时很少提到自己的党员身份：非党员 3.09，党员 3.07

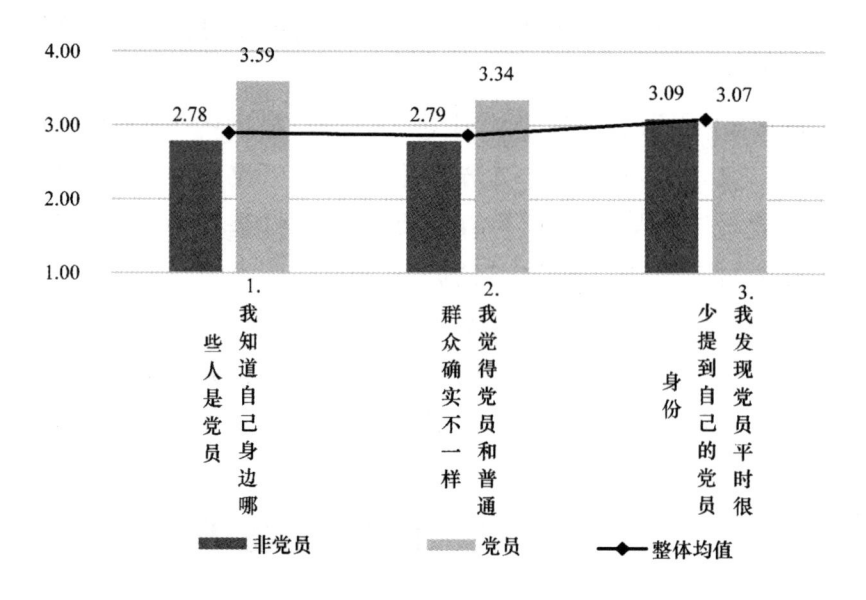

图4-2　党员身份凸显度评价的党群差异

说明：纵轴1.00—4.00依次代表"非常不同意""不同意""同意""非常同意"。

二　党员作用发挥的现状与问题

中国共产党作为中国工人阶级的先锋队，中国人民和中华民族的先锋队，是中国特色社会主义事业的领导核心。党员作为中国社会各阶层中的先进分子，更加要发挥好先锋模范作用。

第四章 强化农村党员的身份意识与先锋作用

党员先锋模范作用的发挥不仅是党的先锋队性质的内在要求，也是党的先进性和纯洁性的具体表现。在乡村全面振兴的进程中，需要党员干部凝心聚力。作为党员队伍的重要力量，农村普通党员应该发挥好模范带头、动员引领的作用。然而，实际情况是，少数党员表现出对自身利益关注度高、服务群众的意愿低、参与基层治理的能力弱等特征。

课题组在调查问卷中设计了4个题目，以了解村民对此的看法。如图4-3所示，受访者对党员参与村里公共事务的能力与积极性评价并不低。对"我觉得党员比普通群众更有能力参与公共事务"的说法，77.5%的受访者表示同意，13.9%的受访者不同意。对"我觉得党员比普通群众会更积极参加公共事务"的说法，持同意态度的受访者为78.2%，持否定态度的受访者则为14.1%。相较而言，受访者对党员参与公共事务的结果评价稍弱。对"我觉得党员的确为村里公共事务做了贡献"持肯定性评价的受访者占65.5%，而不同意该说法的比例达到23.8%。对"我觉得我们村的普通党员能起到模范带头作用"的说法，持同意态度的受访者占65.6%，持否定态度的比例则为24.8%。概言之，从基层受访者的视角看，党员的公共参与和先锋作用发挥具有较好的基础，但仍有较大的提升空间。

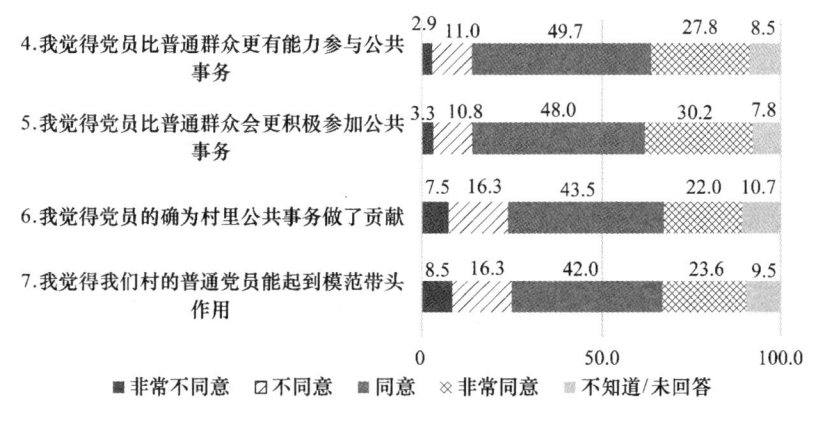

图4-3 党员作用发挥情况的测量（单位：%）

对于党员公共参与和作用发挥的评价，如图4-4所示，党员与非党员之间存在显著的差异。在非党员样本看来，党员参与村里公共事务的能力与积极性均值均为3.08，而党员样本的评价均值则分别为3.37、3.50。非党员样本对党员的作用发挥效果评价更低，其均值分别为2.83、2.82，而党员样本的评价较高，均达到3.30。可见，在普通群众眼中，党员的先锋模范作用发挥并不充分，而党员群体则存在一定程度的"自我美化"式看法。显然，如果党群之间的主观分歧进一步拉大，则一方面群众眼中的党员形象可能将越差；另一方面党员队伍越发难以察觉自身问题，无法重视自身在群众和社会中的形象建设。

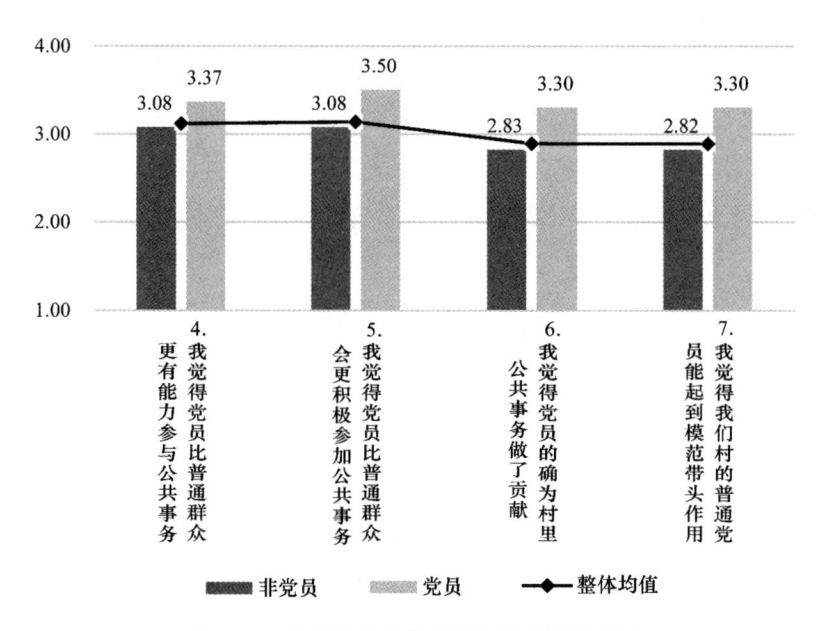

图4-4 党员作用发挥情况评价的党群差异

说明：纵轴1.00—4.00依次代表"非常不同意""不同意""同意""非常同意"。

第二节 影响农村党员身份意识与作用发挥的主要因素

盂县农村普通党员的身份意识与作用发挥，既体现乡村社会发展的一般性特征，也表现出党组织建设过程中的关键性问题。整体而言，农村党员身份意识与作用发挥的现存问题，既受到乡村社会结构的外在影响，也受到党员自身思想认识的内在影响。应对农村人口老龄化、年轻人口外流等问题，努力改善部分党员身份意识淡化、作用发挥弱化的现状，是盂县抓党建、促治理的基础性工作。

一 乡村社会变迁的结构性挑战

当前，中国农村面临着严峻的人口老龄化趋势。中国社会科学院调查显示，2021年农村60岁及以上人口占比超过20%，远超城市人口老龄化程度。[①] 与中西部地域类似，因外出打工就业、改善居住条件、子女城镇入学等，盂县农村居民和党员的外流也日益普遍，在村居民和党员的老龄化问题已非常严重。课题组调研的36个样本村中，18—60岁的在村村民占村总人口比例最高的为62.9%，最低的不足10%，平均为33.5%。调研过程中，我们向村干部问及村里年轻人的数量时，不少村干部都会向课题组确认"年轻人"的标准，大多数村干部表示"在村里，60岁以下就算年轻的了"。

这种老龄化趋势不仅体现在村民人口结构中，也发生在农村基层党员队伍中。调研的36个样本村中，党员的平均年龄为54.3岁，其中，7个村的党员平均年龄在60岁以上。农村人口老龄化叠加农村普通党员老龄化，是对乡村治理的严峻挑战，也给党员发挥先锋模范作用带来了结构性制约。苌池镇组织委员谈道："现在党员普遍都老了，大部分是六七十岁的，有些跟着孩子去城里住了，很难指望他们做些什么"，北下庄乡组织委员认为"现在农村基层党员年龄偏大，就算他们愿意参加基层

---

① 魏后凯：《中国乡村振兴综合调查研究报告（2021）》，中国社会科学出版社2022年版，第366页。

活动，村干部也不敢让他们来参与，担心身体出问题"。可见，乡村社会人口结构的变化给基层党组织建设带来的影响可被梳理为以下三个问题：一是老年党员的日常管理问题；二是党建如何引领老龄化乡村的治理问题；三是农村党员队伍自身的新生力量培育问题。

除老龄化之外，中国农村也面临着人口外流带来的"空心化"问题。全国数据显示，2021年全国农民工总量为29251万人，其中，外出农民工17172万人，比上年增长1.3%。① 调研涉及的36个样本村中，在村人口占村总人口比例最高的村为85.6%，最低的仅为18.9%，仅11个村超过50%。其中，外出劳动力占本村劳动力总数的比例，平均为37.3%。这仅是因务工而外出的人口数字，此外还有因改善居住条件、子女入学等从农村搬迁至本地城镇居住的情况。此次调查的村民样本中，有义务教育阶段子女或孙辈的家庭中，在村读书的仅24.5%，在乡镇读书的占24.3%，在县城读书的则达51.2%。访谈过程中，村干部与村民也普遍表示，除了镇政府所在地，其他地方村里的孩子几乎都要去村外上学，很多家庭为了就近照顾而迁至村外。此外，由于冬季严寒，当地农村也表现出季节性人口外迁的特征。在某山区村调研时，村支书介绍："你们夏天来还能见到一些村民，冬天有条件的都去城里了，村里没几个人。"

盂县农村地区面临的空心化问题，不仅改变了乡村基层治理的人口基础，也相应地给基层党员管理工作带来挑战。梁家寨乡组织委员谈道："村里的年轻党员有大部分在外面打工，一般都是做点小买卖，没有正式的单位"，因此，这部分党员不仅无法参与党组织日常活动与乡村治理，也很难将其组织关系转出。当地干部既对这种情况感到棘手，同时也能表示理解。上

---

① 《2021年度人力资源和社会保障事业发展统计公报》，《中国组织人事报》2022年6月8日第4版。

社镇组织委员认为,"比如家庭里面两个孩子或几个孩子,上大学需要钱,不让他出去打工也不行"。与农村人口外流带来的"空心化"类似,普通党员中也有相当比例的外流现象,这一方面使得农村基层党员管理难;另一方面也更加弱化了党组织对乡村治理的参与度与引领力。

简言之,乡村社会的老龄化与"空心化",不仅成为农村党组织建设与基层治理亟待应对的难题,也深刻影响了农村党组织管理、党员身份意识与发挥自身作用。从这个意义上讲,盂县目前所开展的抓党建促基层治理能力提升专项行动,具有双重意义:一方面要加强农村基层党组织自身建设;另一方面也以党建为抓手来推进乡村治理的效能提升。

二 基层党组织的管理问题

农村基层党组织是党在农村全部工作和战斗力的基础,是乡村全面振兴与推进治理现代化的战斗堡垒。在实践中,基层党组织的建设质量与管理水平,不仅影响着基层社会治理,也影响着普通党员的身份意识与作用发挥。近些年来,各级党组织日益强化基层组织建设,强化普通党员多种形式的义务性参与,但对其权利性参与的保障却相对不足。在调查中,我们了解到农村党员对自身党员权利落实情况的评价,发现认为所在基层党支部"非常好"地落实了党员选举权、被选举权、参与权、监督权和知情权的比例,分别为51.5%、45.5%、42.6%、40.6%和37.6%,均有继续提升的空间。显然,普通党员党内权利保障的不足,会弱化党组织对党内的引领力,也会影响党员身份意识与作用发挥的自主性与积极性。

三 党员自身思想认识的内在原因

对于新时代党的建设新的伟大工程而言,强化党员的身份意识是最基本、最基础的内容。这就要求每名党员都能牢记党员身份、不断强化身份认同，时刻以党员标准严格要求自己，自觉践行党员义务和责任。经过县、乡、村三个层级的调研与访谈，发现部分党员的身份意识淡化与作用弱化也有其自身的内在原因，主要表现为少数党员无法正确处理自身的社会经济身份与党员政治身份，错误看待党员的义务与权利。

农村基层党员既具有普通农民所承担的社会经济身份，同时也应当亮明党员的政治身份。然而，由于外出务工及工作的临时性等特征，农民党员的社会经济身份与党员政治身份在物理空间与社会关系上具有较强的分离化特征。即便在本地工作的党员，也会遇到"打工挣钱"与参与党组织活动的矛盾。外地务工的党员，此种情况则更甚。

少数党员隐瞒自己的党员身份，回避党员最基本的义务和责任，究其原因是其党员义务与权利观念的错位。党员理应正确认识自身的权利与义务，然而由于种种原因，一小部分党员将义务与权利相割离，片面强调利益与权利，而漠视责任与担当。更有甚者，在日常生活中对自己的党员身份遮遮掩掩，调研中也发现了少数这样的现象。此外，普通党员对公共事务的参与态度也与乡村基层治理状况相关：越是治理有序的村，越需要普通党员的参与，同时也能够提供更多元的参与渠道，因此，普通党员参与村公共事务的意愿越高；反之，治理无序的村，党员则较难被发动起来。

第三节 孟县党员管理工作的探索：党员积分制的进展与经验

事实上，目前的党内法规已经为基层党员管理工作提供了完备的要求、清晰的规则。之所以施行党员积分制管理，主要在于这一机制可以将现有相关规定在个体行为层面上数量化，进而实现党员之间的可比较性，为党组织评价党员与党员自我评估提供系统化的参考依据。同时，积分结果也有助于党组织了解薄弱环节、发现优秀党员、预警后进党员。总之，党员积分制管理预期用"小积分"管好"大队伍"，助力党员队伍发挥公共人力资源价值，实现党建对治理的引领与促进。

正是基于上述原因，针对当前一些党员身份意识弱化、对自己的党员身份不认同、对党员身份遮遮掩掩、对党员职责视而不见等问题，盂县积极探索实施党员分类积分工作，着力解决农村党员"活动难组织、队伍难管理、作用难发挥"等难题。现结合学界研究与实地调研，从国内党员积分制工作简况，盂县积分管理的主要做法，县、乡、村不同层级对党员积分制管理的态度与认识、盂县党员积分制管理的现存问题等几个方面进行分析。

一 国内党员积分制管理简况

由于具备标准具体化、结果数量化、操作标准化等优点，党员积分制管理被视为破解党员日常管理难、身份意识弱、作用发挥小等难题的制度抓手，并在国内不同地区得到应用。整体来看，国内党员积分制管理具有以下特点。

一是从实施单位看，大致可分为机关事业单位的党组织、城乡社会基层党组织两类。对于前者而言，由于机关单位中，党员的工作身份与党组织关系高度重叠，因而开展起来相对便利，积分管理实施过程中遇到的问题与困难相对较少，不同单位之间的制度同质性强。与此不同，对于城乡基层党组织而言，一方面党员积分制管理是为了破解基层党建中的难点；但另一方面党员积分制自身也会遇到党员流动性强、参与性弱等困难。从农村村级党组织的党员积分制现状来看，各地几乎或多或少遇到一些难题，但与此同时，不少地方也因为迎难而上而倒逼出若干创新举措。

二是从党员积分的结构来看，主要包括刚性结构、柔性结构。其中，刚性结构一般包括基础分、任务分、奖励加分、惩罚扣分等，以及部分"一票否决"式指标。刚性结构的好处在于党员积分制管理过程中，从上至下、条块之间均遵循统一标准，执行效率高、系统性强。但显而易见的是，这种"一刀切"的刚性积分方案可能在实践中遇到某些特殊性问题。与之不同，柔性结构一般为上级制定总体标准、提出目标要求，基层党组织依据自身实际情况及本地发展任务制定具体积分考核细则，报上级备案后实施。这种柔性积分充分考虑了基层组织之间的差异性，因此在激发党员身份意识与激励党员作用发挥方面具有精准施策的独特优势。

三是从党员积分评价依据与主体看，涉及客观资料与主观评价两类。客观资料主要包括党员日常行为记录，包括党费缴纳情况、党组织活动参与情况等。主观评价可分自我评价、党内评价、群众评价。目前来看，自我评价与党内评价使用的较多，群众评价较少被使用。但从党员积分制管理的初衷来看，既然要增强党员的先锋模范作用，激励党员参与基层治理与群众服务之中，那么群众评价理应被纳入党员积分制管理的评价体系之中。

四是从党员积分的结果应用看，主要有三种，具体如下。首先是用于日常管理，通过最终积分来直观了解党员履行义务、发挥作用的情况，对其日常管理中的短板亦可一目了然。其次是用于精神激励，在相关评优与表彰活动中，将党员积分的数值与名次作为重要参考。当然，积分过低的情形也被作为批评教育乃至处分的依据。最后是物质鼓励，国内有少数地方采用"积分超市""积分银行"等形式允许党员将积分兑换为物品。此种做法的激励效果较强，但由于涉及经济条件与思想观念等原因，未得到普遍性应用。

二　盂县党员积分制管理的主要做法

现阶段盂县党员积分制工作表现出以下特点。一是制度体系齐全。在阳泉市党员积分制管理文件的基础上，盂县分别制定了农村党员、社区党员的积分管理办法，乡镇在推进积分管理工作中，也在不同阶段进行经验总结与问题反馈。二是组织工作扎实。自2022年初正式进行党员积分制管理以来，县、乡、村三级党组织精心组织、稳步推进，并提前完成了党员类型划分与认定等前置性工作。三是实施开展顺利。目前，全县277个村级党组织均开展党员积分制管理，2022年1—6月的运行过程整体上较为顺利。

对比国内现有的党员积分制管理做法，盂县主要在农村基层党组织开展相关工作，以刚性评价结构为主，积分评价主要在党组织内部开展，积分结果应用以精神激励为主。整体而言，盂县的党员积分制管理工作尚处于起步阶段，自2022年1月正式施行。目前来看，其主要做法与经验如下。

一是科学设置积分指标。根据各支部党员职业、年龄、身体状况和工作特点，将党员分为管理型、务农型、务工型、经营型、离退休型五类。党员积分由基础分值和任务分值组成，总分值为100分。积分评定采取在基础分值之上进行加减分的做法。为增强积分制管理的可操作性，把任务分值细化为日常考核、奖惩加减分和民主评议三个环节。按照上述要求，指导各村支部制定详细的评分细则，根据日常考核、奖励加分、惩罚减分和民主评议四项评分内容，科学设定积分指标，分项量化打分。

二是加强操作流程管控。首先是严格积分档案管理。在工作开展之初，为便于统计汇总，通过设计全县统一格式、简单清晰、易操作的党员积分登记表、汇总表，安排支部委员统计算分，建立党员积分信息档案，做好积分上报等环节的责任分解，实现了积分制度的高效率运转。其次是成立积分考核小组。要求各村党支部成立党员积分制考评小组，党支部书记担任组长。党支部书记是记分工作的责任人，坚持实事求是、客观公正、科学合理的原则，负责对所属的党员进行记分管理。积分制日常管理工作由专人负责，做好积分制管理档案整理工作，并将积分汇总结果报乡镇党委备案。最后是抓好积分公示公开。党员积分制管理一年为一个周期，党员累计积分情况每半年汇总一次，汇总结果在各支部大会上通报，并且每半年一次在党务公开栏内公示每个党员的积分情况，接受党员和群众监督。针对个别党员对个人得分认定或其他党员得分认定有异议的，可向党支部或乡镇党委反映，党支部或乡镇党委认真及时做好信息复查和审核，切实保障党员、群众的知情权、参与权和监督权，确保此项工作的透明和公平。

三是突出结果激励作用。将积分结果作为党员民主评议、推先评优的重要依据。根据党员的积分总分和排名作为划定优秀、良好、合格、不合格党员的主要依据，并给予一定的物质奖励或精神鼓励。对于年度积分排名在前列的党员优先推荐给上级党组织作为优秀党员、优秀党务工作者候选人，形成鲜明的积分运用导向。

三 各级干部对党员积分制管理的思想认识

在调研过程中，课题组通过座谈、一对一深度访谈等形式向县、乡、村等不同层级的干部以及普通党员了解他们对党员积分制的看法。不同层级的干部、党员对党员积分制管理的评价与态度虽存有差异性，但整体上均认同这一制度的必要性。

县委组织部、县抓党建促基层治理能力提升工作专班（以下简称"工作专班"），是盂县农村党员积分制管理的制度设计者，有着明确的工作计划与目标，并对工作推进过程中可能出现的问题表现出较强的预见性与探索精神。县委组织部副部长在介绍目前的工作进展时说道："考虑到基层的实际情况与差异性，县里只制定积分的标准，但将具体加减分的自主权下放到村支书手里。"这一点在组织部荣副部长的访谈中也得到验证：

"2022年上半年的积分统计工作已经完成,由于这项工作今年刚开始正式施行,我们也在摸索之中。虽然县里制定了积分标准,但具体打分、奖惩等的裁量权还是在村里,由村里自主决定。"工作专班的王组长具体负责此项工作,对工作开展中的实际困难了解更多:"乡镇里,积分管理在实际操作上还是有困难,积分细则的理解和解释有差异,导致标准不统一。到村里之后,村支书有'好人主义'倾向,偏向于打高分。"可见,仅就县委主抓部门看,党员积分制面临着基层自由裁量权与评价标准模糊化的实际矛盾:全县制定精细而统一的标准,则无益于基层特殊性的体现;给予基层一定的自由裁量权之后,又使得标准模糊、评分虚高。

课题组也对县纪委干部进行了访谈。虽然党员积分工作仅正式推行了半年,但县纪委对此工作已经比较了解,且从自身工作视角表达了若干看法。针对党员积分应用问题,有纪委干部谈道:"应该在文件中避免'一错二罚'。如果因为党员违纪被处分而造成积分过低,就不应该再因为积分低而对其进行二次处分。"也有干部谈道:"当年的处分一般有不同年限,应该考虑到处分的年限周期与党员积分考核周期的匹配性,合理制定扣分的方式与幅度。"可见,在县一级,党员积分制管理工作得到了相关部门的关注与重视。

与县级不同,乡镇层面虽然也认同党员积分制管理的重要性与必要性,但作为该项制度承上启下的中介执行者,表达出了更为多样的看法。有干部强调了党员积分制对村党组织日常管理的重要性:"党员积分制的初衷倒不是要让党员参加太多出钱出力的大事情,更多的是希望党员能够按要求参与党组织日常活动,尤其是重大事项进行投票表决时,如果党员出席不够,就没法开展。"也有干部从乡镇工作的整体感受上认为存在"日常工作专项化"的现象,即"党员的日常管理,鼓励他们参与村里的事情,我们平时也在做。现在搞了一个党员积分制管理,不是说这个制度不好，但其实实际发挥效果的工作还是原有的那些，现在又要因为这个专项任务而投入更多精力去打分、填表，对实际效果的帮助有限"。

谈及实际工作中的困难，乡镇干部反映较多的问题集中在评分标准与党员态度两个方面。有干部谈道："我们镇有37个村，实际评分的时候，这37个村的标准是不同的。虽然我们有评分细则，但是村里边大家也知道，就是有的时候会有那么一点点人情分。所以评分的这个东西，有的时候很难把握准确性，但是如果让我们镇党委一个一个评，我们也做不到，只能让村里评。"也有干部认为并非所有党员都在乎最终的积分："比如说年轻人工作，他要请假一天的话，就扣一天的工资。但这个积分没什么约束，不参加党组织的活动会扣分，扣了就扣了。这个积分本来也不顶钱用。"

四 盂县党员积分制管理的现存问题

结合盂县党员积分制管理目前的运行现状，以及课题组在县、乡、村三级的调研与访谈可知，其党员积分制管理现存在以下主要问题。

一是党员年龄结构与外出流动带来的挑战。大部分农村基层党组织中老年党员比重很大，而为数不多的年轻党员中大部分外出务工。在村党员的老龄化与年轻党员的流动化，给党员积分制目标的实现构成了阻碍：老年党员虽然能参与党组织的日常管理与活动，但无法更深入地参与乡村基层治理，常年在外的年轻党员则有可能连基本的党组织活动都无法正常出席。

二是党员思想上认识不足、重视不够，存在懈怠思想，参与党员积分制管理的积极性不强、主动性不高。尤其是长期在外务工的党员，主观上对积分工作与积分结果不在意，客观上确实难以常态化参与党组织的相关活动，更有甚者由于职业性质与个人思想认识，甚至无法按时向党组织汇报思想状况，处于间歇性"失联"状态。

三是村党组织在积分评定过程中存在"好人主义",对积分标准理解有偏差。部分村级工作人员文化素质较低,对上级政策文件研读不够、理解不深,对党员积分制管理的评分工作不细致,存在应付现象。另外部分基层干部碍于人情与面子,为了"一团和气"而使党员积分制管理工作失之于宽,在制度执行方面存在不到位的情况。

四是党员积分制管理的制度设计重评分、轻运用。现有的党员积分制管理工作,虽然设计了较为全面的评价体系与评分指标,但整体而言偏重于积分的评定,对积分结果的运用较为单一,只简单进行了不同得分等级的区分,未能将积分评定很好地运用于党员身份意识的激发与作用发挥的提升。

五是党员积分制管理中群众参与少,多是党组织内部进行。从现有制度设计看,普通群众对党员积分工作了解少、参与少、监督少,既降低了党员评价的客观性,也不利于群众心目中的党员形象塑造。

第四节 激发党员身份意识、促进党员作用发挥的对策

一 发扬党内民主,强化党员身份意识与心理认同

在党的建设与党员管理过程中,发扬党内民主、保障党员权利具有重要意义。对于党员主体地位的尊重,有助于增强党员对自身身份的内在认同,提升个体参与党内事务的积极性。党的十八大以来,党内民主制度体系建设与党员权利保障工作成效显著。党内民主是指在党的政治生活中,全体党员一律平等地、直接或间接地决定和处理党内事务。党内民主的目标在于促进党内政治生活中参与权、知情权、监督权、批评权等党员权利的落实。党内民主的发扬,不仅是党永葆生机的重要条

件，也是普通党员提升身份效能感、强化身份认同感的重要资源。

一是加强贯彻民主集中制，切实强化普通党员对党组织决策的了解度与参与感。首先，要增强农村基层党员对民主集中制的理论认知。借助"三会一课"等活动学习民主集中制的相关规定与理论知识，准确理解、规范把握班子工作职责、议事决策规则、工作运行机制等内容，为制度运行奠定理论保障。农村党组织建设与党员管理过程中，要在议事机制上注重广泛吸纳多方意见，既完善专家咨询、社会听证、征求民意等渠道，也注重听取普通党员的意见，完善科学民主决策的机制与程序。作为基层党组织的"一把手"，村党组织书记要带头贯彻民主集中制，让普通党员感受到党员应有的权利，以此激励普通党员履行应有的责任与义务。

二是推进党务信息公开，增强党组织管理透明度。由于农村普通党员工作的流动性强、自身文化素质相对不高、老龄党员占比较高等原因，少数党员存在对党务信息关注不足、理解不透的问题。对此，农村基层党组织更应该加强党务公开工作，因地制宜地创新党务公开形式，借助会议、文件、网络、走访等不同渠道，以达到方便党员群众监督、了解党的工作的目标，不仅使普通党员充分了解党务信息，也促使普通党员成为向广大群众宣传党的政策的高效中介，以此突出党员身份、发挥党员作用。

三是优化农村基层党组织政治生态，切实尊重和保障党章赋予党员的各项权利。通过严格执行政治纪律、组织纪律和换届纪律，严厉禁止拉帮结派、拉票贿选、跑风漏气等非组织行为，优化农村基层党组织的政治生态，使得普通党员充分感受到党章党规的威严与党员义务权利的关系。

二 坚持群众路线，拓展党员作用发挥的多元路径

群众路线是党的根本路线，这是由我们党全心全意为人民

服务的宗旨所决定的。贯彻党的群众路线，是全体党员的共同职责所在，也是新时代引导党员发挥先锋模范作用的重要实践领域。农村基层党组织是党在农村地区密切联系群众的"最后一公里"，是农村群众了解党的政策、评价党的工作的最直接的经验感知来源。因此，农村党组织建设状况与农村普通党员形象，直接影响着党在群众心中的威望。

一是在社会治理领域充分发挥党员作用。基层党组织不仅要加强自身建设，也担负着引领基层治理的重要责任。面对纷繁复杂的基层工作，党员无论是在参与意愿上，还是在治理能力上，都应该成为群众的表率。结合党员自身特长与技能，使农村党员不仅在生产生活中融入群众，也在基层社会治理中成为治理网格的连接点。在农村基层的重点治理任务中，发挥党员先锋模范作用，通过党员干在群众前，凸显党员走在群众先，使得群众眼中的党员形象更为纯粹。

二是在产业发展上充分发挥党员作用。农村基层党组织要善于发现、培养能够引领群众致富、办好乡村产业的典型党员，通过组织培育、党员带头、辐射周边、带领群众等方式，使基层党员成为产业振兴的带头人。一方面，要科学论证、合理布局，瞄准农村基层党组织建设与农村产业发展的结合点，在项目建设的过程中注重党建的协调性，既充分发挥党组织对产业振兴的重要作用，也以产业发展筑牢党组织的战斗堡垒。另一方面，在基层党组织负责人通过合法程序担任集体经济组织负责人的基础上，积极吸引有经验、有意愿的党员为集体经济发展出谋划策，培养一批政治素质强、管理能力强、致富本领强的复合型党员。

三是在引领乡风文明中发挥党员作用。以党建为引领，充分利用村党组织阵地，发挥党员先锋模范作用，通过党员个体影响党员家庭，通过党员家庭影响乡亲邻里，在"家中的党员""身边的党员"的引领示范下，营造新时代乡村文明风貌。通过党建引领基层自治、法治、德治融合，聚焦乡风文明建设不断拓宽渠道、创新机制，使基层党员以好家人、好邻居、好乡亲的形象在乡风文明建设中发挥重要作用、成为先锋模范。

三 严守党内法规，强化现代性的党员权利与义务观念

治党务必从严，从严必循法度。作为基本遵循和行为规范，广大党员理应学习好、遵守好、践行好、使用好党内法规。党内法规制度，是管党治党的重器，是全面从严治党的长远之策、根本之策，对推进党的制度建设、作风建设和提高党科学执政、民主执政、依法执政水平，具有十分重要的意义。

第一，对于农村党员干部来说，学好党内法规，既是党员义务与责任所在，也是农村基层党组织建设的重要内容。唯有加强党性修养、增强法纪意识，才有可能增强党员身份意识、发挥先锋模范作用。要用法规管住自己，严守做人底线，坚持不越"红线"，绝不碰触"高压线"，以一身正气一门心思干工作。

第二，党员干部必须勤于和善于学习法规，用法规要求自己、管束自己、检视自己，决不能认为学习了解党内法规是权宜之计、一时之需，决不能把个人社会经济身份与党员的政治身份相混淆。在学习和掌握党内法规的基础上，正确认识和践行党员义务与权利。农村基层党组织要积极探索流动党员的管理方法，依据党内法规积极探索新方式，详细了解流动党员的实际情况，结合其生产生活特点指导党员日常学习，提升流动党员的组织认同与组织归属感。

第三，在农村基层党组织建设与党员管理过程中，要以党内法规为依据，积极建立健全农村基层党建与乡村全面振兴的制度体系，依据地方实际勇于探索、先行先试，使得法规制度更接地气、更有效力。首先，要加强对现有党内法规的深入学习与精准把握，做到创新有据。其次，要善于发现基层党建与

乡村治理中的真问题，科学研判、民主决策，因地制宜地强化制度建设，做到创新有效。最后，要充分发挥普通党员在基层治理过程中的模范作用，将党员义务权利与基层治理事项有针对性地结合起来，做到创新有依。

四 遵循科学管理，改善党员积分工作的路径机制

近年来，党员积分制管理在多地广泛推行，成为基层党组织加强改进党员教育管理、促进党员先锋作用发挥的有效着力点。盂县党员积分制管理自施行以来，整体而言组织有力、制度规范，形成了较好的局面，但其路径机制仍存在科学化改进的空间。

一是在积分评价标准体系上，要坚持守正与创新相统一。在上级统一积分标准的要求之下，允许、鼓励村级依据本地实际情况与治理需求来制定部分分值的评价标准，更好地将党员积分制管理由工作任务转化为村级治理工具。由于各乡镇、村的社会发展、集体经济、党建成效、治理重点存在一定差异性，因此，在党建引领基层治理的过程中，既要有统一标准使"最后一公里"走对大方向，又要结合实际情况创新探索使"最后一公里"走出特色。

二是在现有评价主体的基础上，适当扩大群众评价的范围。盂县现行的党员积分评价工作，主要以客观资料、党组织内部评价为主，后续改进中，可适当引入更多群众评价的指标、增大群众评价的权重，在党员积分制管理工作中促进干群交流、深化党群情感、落实群众路线。群众对党员的评议，既是群众路线的重要体现，也将增强群众对党组织的认同感与好评度。

三是在以评分为主的评价方式之外，丰富党员积分的考核方式。在调研过程中，课题组发现，党员积分制管理工作在基层容易被化约为简单的分数计算与统计工作，党员与群众并不能充分而真切地感受到高分党员的优秀之处。因此，可尝试在定量评价的基础上进行试点答辩制，即积分 90 分以上的党员具体陈述个人对基层党建与乡村治理的工作成绩，由党支部成员评议，经答辩通过的方可认定为优秀。一方面可将其答辩内容作为优秀党员的事迹进行宣传；另一方面也减少了唯分数论的优秀评定中的"人情"压力。

　　四是将精神鼓励实体化，在有条件的地方自主探索精神鼓励与物质鼓励相结合的具体方式方法。调研过程中，有党员干部反映，党员积分制最终的结果不应该是一个抽象的分数。在后续工作中，可采用"成绩单"的方式，同时，设立县、乡镇、村等不同层级的优秀表彰体系，并颁发相应证书，使精神鼓励实体化。此外，仙人乡有个别村进行了党员积分红色银行的尝试，即积分较高的党员可以兑换一些生活用品，目前效果较好。因此，在积分结果运用方面应坚持以精神鼓励为主、物质鼓励为辅，在经济条件允许的村进行更多形式的自主创新与试点。

第五章　着力培育与使用乡村人才队伍

与中西部地区大多数农村地区一样，盂县乡村振兴与治理亟须解决人才数量匮乏、质量不高的难题。调研发现，盂县乡村人才存在老龄化、技术水平不高等问题，同时乡村企业招才引智较为困难，高层次人才"引不来"，专业性人才"招不到"，"边招边走"现象普遍存在。如何更好落实《关于加快推进乡村人才振兴的意见》，为盂县全面推进乡村振兴、加快农业农村现代化提供有力人才支撑，成为摆在盂县面前的一个重要课题。本章围绕这一课题，在农村基层治理提能增效的宏观背景下，分析盂县乡村人才队伍的基本状况、建设实践和影响因素，进而探讨如何通过产业驱动、文化引领、精准发力、分类施策，实现盂县乡村人才的引育留用，最终以乡村人才振兴促进产业、文化、生态、组织振兴，打造乡村振兴的中西部样板。

第一节　乡村人才队伍基本状况

乡村人才泛指在乡村振兴过程中发挥建设作用的个人或群体。2021年中共中央办公厅与国务院办公厅印发的《关于加快推进乡村人才振兴的意见》将乡村人才概括为五大类，包括农业生产经营人才、农村二三产业发展人才、乡村公共服务人才、乡村治理人才、农业农村科技人才等，涵盖了乡村生产、经营、管理、服务、发展、科技等诸多领域。其中,农业生产经营人才主要包括高素质农民队伍、家庭农场经营者、农民合作社带头人等;农村二三产业发展人才包括农村创新带头人、农村电商人才、乡村工匠等;乡村公共服务人才包括乡村教师队伍、乡村卫生健康人才、乡村文化旅游体育人才、乡村规划建设人才等;乡村治理人才主要包括乡镇党政干部人才、村党组织带头人队伍、返乡大学生、农村社会工作人才、农村经营管理人才、农村法律人才等;农业农村科技人才,主要包括农业农村高科技领军人才、农业农村科技创新人才、农业农村科技创新人才、科技特派员队伍等。

一　公共服务人才与治理人才是盂县乡村人才的基础

盂县主要的公共服务人才（专业技术人员）与主要的治理人才（机关事业单位人员）两支队伍构成了当地的人才主体,维系着盂县经济政治社会的发展。

截至2020年底,盂县事业单位工作人员共有6596人,其中专业技术人员4409人,占67%。从职称结构看,盂县专业技术人员的职称集中分布于初级（占比51%）和中级（占比40%）,高级职称较少（占比9%）。从领域与系统看,人员主要集中在教育（占比20%）与卫生（占比16%）系统,其中教育系统的占比最高。从总量上看,盂县专业技术人员队伍已初步成型,初级技术人员仍占绝大多数,同时中高级技术人员的整体素质也在不断提高,逐渐成为盂县事业单位发展的主力军。

除专业技术人才外,盂县较为显著的是文艺人才队伍。盂县文联成立于1985年,先后成立了作家、美术家、音乐家、摄影家、舞蹈家、书法家、戏剧家、影视家、曲艺家九个文艺家协会。盂县文艺人才队伍发展方向较广,覆盖面较宽,主要依靠民间自生动力,发展传统技艺。经过数十年的发展,在2004

年又成立了民间文艺家协会。现有国家级会员9人,省级会员105人,省级及以上各单位协会会员见图5-1。其中作家协会人员占比19%;书法家协会占比20%;美术家协会占比9%;戏剧家协会占比18%;音乐家协会占比13%;摄影家协会占比18%;民间文艺家协会占比3%。

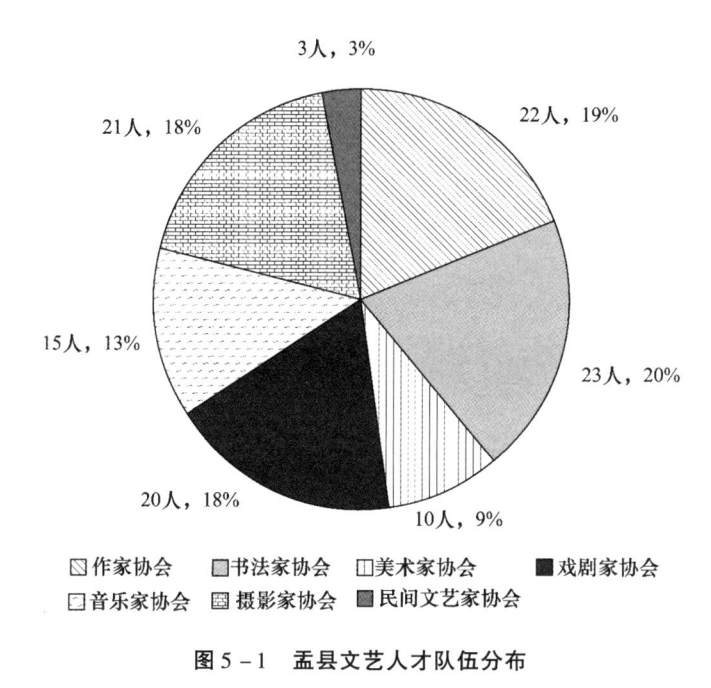

图5-1 盂县文艺人才队伍分布

二 村干部作为乡村治理人才的主体存在不少隐忧

一是主职村干部的学历有所上升但总体上还是偏低,非主职村干部学历断层明显。如图5-2与图5-3所示,盂县村干部作为乡村治理人才的主体,其学历结构在近些年取得了长足的进步。村支书与村主任群体(2021年后大部分"一肩挑")从原先的以初中学历为主体,上升到以大专及以上学历为主体。这为盂县开展乡村治理工作奠定了坚实基础。

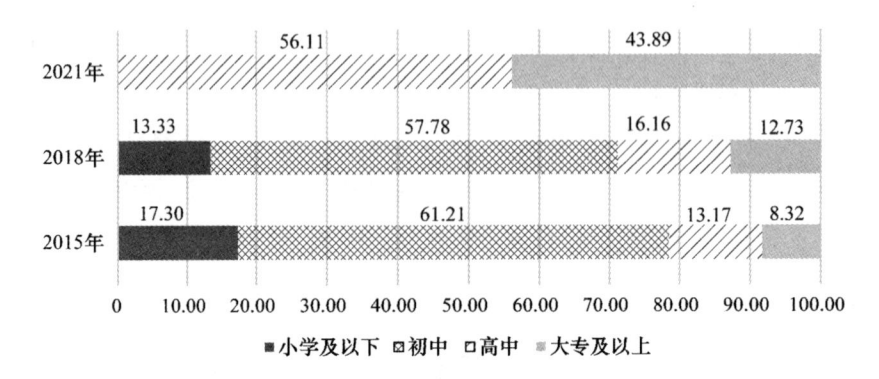

图 5-2 村委会主任学历分布（单位:%）

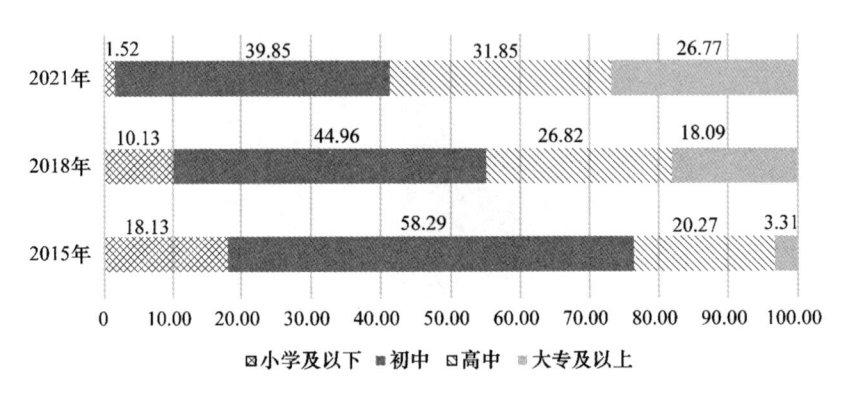

图 5-3 村"两委"其他干部学历分布（单位:%）

但另外我们也看到，即使到了 2021 年，村主职干部的学历层次依然有较大部分是初高中学历。如果再纳入村"两委"其他干部的学历进行观察，问题则更加明显，2021 年盂县村"两委"其他干部还有 71.7% 是初高中学历，学历断层严重。

二是主职村干部的工资略有上升但总体偏低，非主职村干部以兼职为主略有报酬。从 2015 年到 2021 年主职村干部的年度工资从 25000 元上升到 38000 元，获得了较大幅度的上升，但是横向与其他省份相比，总体还是偏低。

村"两委"其他干部的年度工资从原初的 1500 元上升到 5000 元左右。这就意味着，村"两委"其他干部不可能只以村务工作为业,要从事兼职才有可能在当地生存。在基层事务日益繁重的当下,这对高质量完成村级事务、留住人才有着极大的制约作用。

三是无论村主职干部还是非主职干部,都存在年龄偏大的问题。在我们抽样调研的36个村支书、村主任中,年龄以46—60岁的为主,有15人,36—45岁仅有10人。如果以全县所有村干部为基数来看,依然存在着年龄偏大的问题。村支书的平均年龄虽然从2015年的50.66岁下降至2021年的46.03岁,但是依旧在45岁以上。村"两委"其他干部的平均年龄也未出现明显的下降,直至2021年,依然保持着46.2岁的平均年龄。考虑到村"两委"其他干部普遍是今后支书的主要人选,意味着今后五年村支书的平均年龄也不会马上下降。

四是对村干部的管理和考核频率较高,集中体现在乡镇领导到本村的视察与走动频率。从样本村的情况看,乡镇干部一年会来几次的村占11.4%,乡镇干部每月都会来几次的村占45.7%,乡镇干部平均每周都会来的村则占42.9%。

三 公共服务人才与治理人才队伍依然存在人才流失

一是2015—2019年,盂县户籍人口迁出人数呈现逐年增长态势,导致当地的人口基数难以保障。2015年迁出1185人,2016年迁出1232人,2017年迁出1269人,2018年迁出1815人,几乎每年的净流出人口都在稳步上升。尤其是在2017年至2018年间,盂县户籍人口迁出数量和净流出人口数量均有较大涨幅。同时盂县公务员与事业单位人员的流出比例,在2015—2019年也呈现上升趋势,二者呈正相关(见图5-4)。

二是2015—2019年,盂县公务员和事业单位人员的流失现象较为严重,流失量逐年增长,仅有极少数年份存在回落现象。在公务员队伍中,2015年流失6人,2016年流失4人,2017年流失9人,2018年流失11人,2019年流失9人,合计流失39

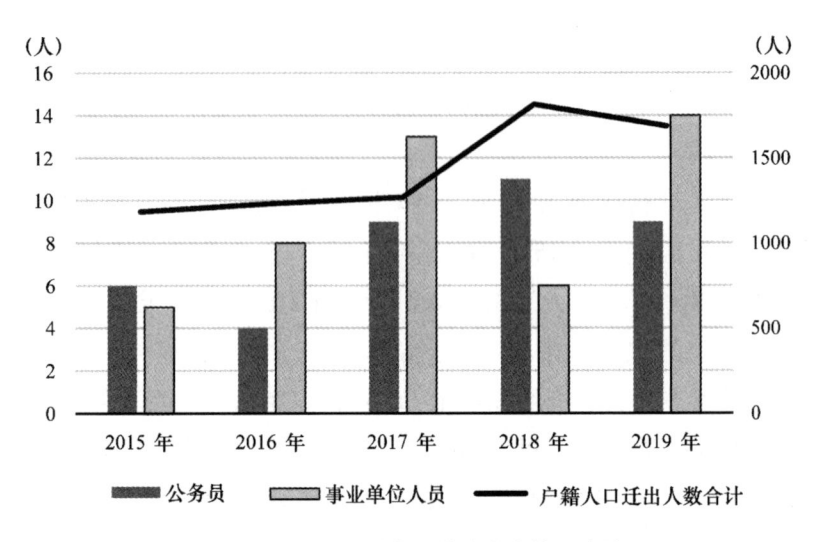

图 5-4 盂县机关事业单位流失情况统计

人；在事业单位人员队伍中，2015 年流失 5 人，2016 年流失 8 人，2017 年流失 13 人，2018 年流失 6 人，2019 年流失 14 人，合计流失 46 人。两支队伍的人口流失情况与盂县户籍人口迁出情况大体相当。

三是 2015—2019 年，盂县机关事业单位人员流失去向较为集中。在流失的 39 名公务员中，有 4 人前往省直机关，占比 10.26%；18 人前往市直机关，占比 46.15%；12 人前往市内其他县区，占比 30.77%；4 人前往省内其他地市，占比 10.26%；1 人去向不明，占比 2.56%。在流失的 46 名事业单位人员中，无人前往省直机关；4 人前往市直机关，占比 8.7%；17 人前往市内其他县区，占比 36.96%；8 人前往省内其他地市，占比 17.39%；17 人去向不明，占比 36.96%。可见，公务员的流失方向集中在市直机关和市内其他县区；事业单位人员的流失方向集中在市内其他县区和省内其他地市。

四是 2015—2019 年，盂县机关事业单位流出人员的职务层次以科员级为主。其中 94% 的机关事业单位流出人员为科员级，仅有 6% 的流出人员为科级。

第二节 乡村人才队伍建设的实践

一 有效开展各项体制机制建设，完善人才工作体系

首先是加强了人才工作的组织领导。为更好落实党管人才的政治责任，成立县委人才工作领导小组，县委书记任县委人才工作领导小组组长，县长任第一副组长。2020年9月，召开了高规格全县人才工作，对优秀人才进行表彰。2020年县委人才工作领导小组召开了三次专题会议，研究分析盂县人才工作，解决人才工作存在的突出问题。

其次是完善与落实了配套人才政策。以政策突破引领人才发展体制机制改革，2020年5月，制定出台《盂县人才激励十二条（试行）》，对引才、育才、用才等环节相关政策予以明确，县直机关相应制定了配套方案，初步形成了盂县体系化的、统筹集成最广的人才政策。

最后是强化了人才工作目标考核。将人才工作单列为年度专项考核目标，指标分解到县委人才工作领导小组成员单位与有关用人单位，年底进行专项的考核。这一系列体制机制建设的探索，为完善盂县的人才工作体系打下了基础。

二 充分吸收其他地区的成熟经验，创新人才引进方式

一是大学生村官制度，为乡村建设提供新鲜血液，要求做到"一村一名大学生"，即为277个村庄招引277位大学生。大学生村官是山西省极具地方特色的人才政策，学生村官为履行宣传落实政策、促进经济发展、联系服务群众、推广科技文化、参与村务管理、加强基层组织等职能发挥了较大的积极作用，引进大学生，既为公职人员队伍注入新鲜活力，提升治理能力，又能通过大学生群体不断为盂县吸引更多人才。

二是落实"盂雁归巢"计划，积极吸引在外工作的盂县籍

人才回乡工作。通过乡情乡意，引导人才回流，为家乡的发展建设贡献力量。2020年5月29日，盂县发布《2020年盂县选调第一批在外公职人员回乡工作公告》，在首批调回盂县机关事业单位工作的13人中，硕士研究生2人，副科级干部2人，实现了近年来首次机关事业单位人员净流入。

三是实施"人才兴学兴医计划"，引进优秀高校毕业生。针对盂县初高中教师紧缺的现状，采取"面试+考察"的方式直接引进34名全日制硕士研究生；授权公立医院自主招聘。其他体制内招引工作也在逐步开展，基本能够保障1∶10的报录比。

三 两支队伍稳定健全，稳住了盂县发展的基本面

公务员事业单位队伍与专业技术人才队伍（医生、教师）的年龄结构与整套机制较为健全与成熟，两个盘子稳住了盂县发展的基本面。

首先在体制内的乡镇与县城教师是一个较为稳定的人才队伍，且在扩招人员、扩大规模时有借鉴样本可循。医生队伍从村级到县级，能做到建制完备、发扬改革创新精神、立足新发展阶段、贯彻新发展理念、构建新发展格局、深化医师管理改革，显著激发了医师执业活力和潜力。两支队伍的健全和稳定，为盂县人才发展的基本面提供了稳定的支撑。

其次各种人才的培训，能够在资金充裕的条件下，按照省、市的要求一直有条不紊地推进。鉴于县管科级干部流出属于个别现象，而科员占绝大多数，盂县正在充分利用公务员职务与职级并行制度实施的契机，为更多优秀干部提供培育途径和发展平台，让干部认为留在盂县其个人发展上"有奔头"。

最后是在财力允许的情况下，落实年度考核奖、精神文明奖等上级许可的各类奖金、福利，切实提高干部待遇。不仅如此，对于技术人才的培训，盂县能够在坚持"系统培养、分类

培养和个性化培养"原则的基础上有序开展。

四 有限的资源范围条件下柔性引进，培育人才氛围

盂县领导重视人才工作，在仅有的资金范围内，能够通过柔性引进的方式培育良好的人才氛围。盂县通过省校合作、百名师生阳泉行、"双休日专家"、"周末工程师"借力发力，做出了有效探索。在较为紧迫的财政压力下，面对需求量较大的体制内人员、农技人员等人才，盂县因地制宜，采取柔性引进的办法，将有限的资金变为有效的资金。

首先，"省校合作"是当前组织部正在重点推动的项目，一面是人才资源和科技成果富集的高校，一面是企业技术攻关、产业转型的需求。通过将人才柔性引入处于瓶颈期的项目，既能有效满足企业的发展需求，为企业转型升级和技术突破提供智力支持，也可以有效发挥人才作用，将智力成果转化为经济效益，进而实现双赢。

其次，华北奕丰作为企业代表，采用了柔性引进的方式来获取智力支持。如其曾通过外聘山西农业大学教授的方式，克服了疫情期间无法现场指导的困境，同时还聘请洛阳的教授来指导花卉的种植。企业的职工子弟和柔性引进的专家共同构成了华北奕丰目前发展的主力军。浙江等发达地区，在20世纪80年代就是此种人才引进方式的先行者。东衡村钢琴制造起步于上海钢琴厂的"周末师傅"。从"大炮一响，黄金万两"到"回填矿场，琴声悠扬"，践行"绿水青山就是金山银山"理念的东衡村实现了从矿产大村到钢琴产业主导的诗意乡村的"蝶变"。从国有钢琴厂聘请4位专业技术人才"跳槽"至湖州钢琴厂，是此次产业发展的关键，其也引发了全国范围内的大讨论。此先进经验为盂县政府吸收利用，并在因地制宜的基础上为盂县人才工作提供了新思路。

第三节 盂县乡村人才引育留用的影响因素

一 盂县乡村人才引育留用的有利因素

（一）忠义之乡、民风淳朴与故土情结

盂县位于山西省东部地区，处于中原腹地，具有较深厚的文化底蕴。一方面，盂县的人文历史丰富，唐代开国功臣张士贵，历史文化名人田嵩年、贾敬之、高长虹等人均出生在盂县；另一方面，盂县的文物留存甚多，有全国重点文保单位6处，以西关三圣寺大殿、藏山祠、大王庙为典型，其不仅能以物化形式保留历史，更能为现代社会平添中原文化底色。不仅如此，盂县作为山西最古老的县份之一，有2600年的历史。春秋时期曾建"仇犹古国"，因闻名于世的赵氏孤儿藏匿故事发生在盂县，故素有"忠义之乡"的美誉。盂县全域基本能稳定本土人才且当地对在外人才的"拉力"较强；乡土连接紧密，富有费孝通笔下"乡土中国"的风味。

首先，盂县本土人才，尤其是机关事业单位人员对本乡本土的依恋。盂县机关事业单位流出人员中，盂县籍的仅占25%，通过横向比较能明显看出盂县体制内人才的较强稳定性。

其次，盂县村民的故土情结强烈，具体表现在对"如果您家的孩子在太原、上海或北京读大学，您希不希望他毕业后回县里工作"该问题的回答：超过半数（56%）的村民选择"非常愿意"或"比较愿意"，仅有10%的当地村民选择"非常不希望"。

最后，在盂县行政村中，村干部与村民的联系更为紧密，多采用"面对面"的交流方式以提升媒介使用效率。以小独头村、兴道村为典型代表，其村干部多熟知各家各户的人口数量、去向等基本信息。因此，村干部在行政村的感召力较强，其在发挥自我效能感的同时，也越发凸显了乡土社会的凝聚力。

（二）地理位置优越，夏日清凉

孟县区位优势突出，是晋东的重要门户和交通枢纽，距离山西省省会太原仅100千米，离河北省省会石家庄仅100千米，与太原和石家庄形成"半小时交通圈"。与北京、西安实现2—4小时通达，朔黄铁路横穿境北设有货站，京昆石台段和阳五、阳泉西环三条高速路在县境内设有6个出入口。

不仅如此，孟县属温带季风气候，夏季清凉，平均气温约22℃，较太原（夏季平均气温28℃）和石家庄（夏季平均气温29℃）更为凉爽。同时，孟县还有藏山等旅游景区，其气温更低，能为旅客提供避暑胜地。因此，孟县优越的地理位置不仅能在一定程度上吸引有志于前往太原、石家庄发展的人才落户，也能在全国高温的大背景下以天然的低气温优势吸引人才。

（三）物价便宜，生活成本低

孟县的物价总体较低，直观体现在餐饮消费和平均房价两个方面，其中餐饮消费的低物价较其他地区更为明显。以藏山旅游景区的农家乐餐馆为例，因其址位于藏山AAAA级景区附近，故有一定的客流量基础和提价空间。据实地体验该农家乐的物价和服务，其大致价位在200—300元一桌菜，基本配备十余道菜和2—3道主食。不仅如此，在农家乐群聚发展的藏山村，其物价基本控制在200元一桌菜，菜品也同样齐全，人均一餐花费在20元左右。

不仅如此，孟县当地的房价也较低，基本在4000元/平方米，较阳泉市的其他区域板块（如城区、矿区、郊区、平定）每平方米低500—600元，且近年来房价基本保持稳定。通过横向比较，孟县的物价便宜且生活成本低。故较山西其他城市，孟县能通过降低日常开销等方式提高生活质量，也能在一定程度上助推人才的引育留用工作。

(四) 人才的包容性强

以浙江为代表的南方城市，由于其人才引进政策力度较大且政策体系完备，故其人才市场已形成一定的规模效应和类别效应。不仅如此，由于浙江地区的土地稀缺，其更热衷于引进互联网人才等高科技人才，对高生产能力和高创新能力的劳动者产生了一定的引进"偏好"。该现象不仅存在于以第三产业为主体的东部沿海城市，也同样存在于以山西太原为代表的中部先进城市。不同于上述地区，盂县的人才包容性更强，其不仅欢迎不同类别的多样人才，更期望所引进的人才能够与当地人才形成建设合力，以完善盂县的人力资源储备。

人才的包容性一方面体现在当地民众的排外心理较不明显，在对"您觉得引进和重用外地来的人才会不会影响本地人才的发展"问题的回答中，73%的民众选择了"不太可能"或"完全不可能"，仅有19%的民众认为"比较有可能"或"很有可能"。另一方面，人才的包容性还体现在当地民众对于人才的定义更为宽泛，能从宏观层面而非专业细分层面来形容人才。在"在您看来，什么人可以称为人才"问题的回答中，"高学历""带领群众致富"和"为民办实事"等词为高频词（见图5-5）。

图5-5 人才认知词云图

（五）社会面对人才的渴求非常强烈

在调查中，我们发现，盂县普通民众对于人才的渴求非常强烈，体现在两个方面：一方面，体现在情感认知层面对于人才的强烈渴求。在对"您觉得本县对人才尊不尊重"的问题回答中，选择"非常尊重"的受访者为33%，选择"比较尊重"的受访者占47%，合计达80%。仅有8%的民众选择了"不太尊重"和"非常不尊重"。另一方面，还体现在功能价值认知层面对于人才的效用肯定。在对"您觉得人才在本县有没有用武之地"的问题回答中，大多数的民众（69%）认为"有"，仅有13%的民众认为"没有"。可见，盂县民众支持人才引入并在本地发展，其间当地民众会给予高度尊重，也同时期望人才能为本地创造价值。盂县民众的情感支持和价值肯定共同构成了人才引进本地的"拉力"，也能成为人才引育留用工作的有力支撑。

（六）煤炭工业逆势反弹，为盂县产业转型提供了窗口期

受国际大环境影响，现今煤炭工业逆势反弹，这为盂县产业转型提供了窗口期。一方面，煤炭工业的逆势反弹能为之前错过转型升级的产业提供窗口期，其应当抓住此次机遇迎难而上；另一方面，煤炭工业的逆势反弹能推动"工业反哺农业"的进程，为华北奕丰这样的标杆企业提供资金支持。华北奕丰的打造不仅需要资金投入，且投入时间成本较长，而"工业反哺农业"就能较好推动其转型升级。不仅如此，盂县还有许多村压煤可以开采，如若能够抓住此次机会，不仅能为产业转型升级进行资金积累，提供资金支持，也能为煤炭上下游产业发展探索，提供试错的机会。

二 影响盂县乡村人才引育留用的不利因素

（一）产业单一，条块分割，人才引不来留不住

煤炭作为盂县的支柱型产业，产业单一，尚未形成煤炭的

上下游产业链。在访谈过程中,有干部表示在煤电一体化的推动下,下游准备做废物再处理,但目前尚未完全落地;还有干部表示基础的洗煤工序不完备,更多倾向于卖原煤,劳动力和环境耗费高,收益却很小。

孟县的第三产业存在起步晚和发展慢的问题。以旅游业的发展最为典型。孟县存在极其可观的旅游资源储备,尤其是"赵氏孤儿"的著名典故。县内有国家 AAAA 级景区——赵氏孤儿藏匿地的"藏山"、大宋温泉、华北奕丰生态园等旅游景点。但是孟县旅游资源尚未得到有效应用,宣传力度不足,国内知名度也有待提升。不仅如此,孟县的旅游业也未形成文旅融合的氛围,文创产品的开发尚处在探索阶段。

任务型产业规制,双创、数智未与当地的发展匹配。一方面,孟县的双创和数智发展与当地的资源适配度不足。本土以农业资源占主导,其无法提供资源支撑,甚至还会产生一定程度的阻碍。另一方面,孟县的双创和数智发展与当地的人力储备不符。孟县产业发展中基层的能动性未得到有效激发,即多是"上面有什么新动向,下面发展就什么方向"。

产业转型极其艰难,投入巨大不见收益。"一煤独大"的产业几乎没有抗风险能力,但是产业转型需要大量的时间成本,尤其是农业旅游方面的回报周期长,目前和未来很长一段时间内仍需以工养农。华北奕丰生态园组建于 2012 年 3 月,是孟县建矿最早的煤炭企业石店煤业的下属子公司,是石店煤业为推进转型发展而建立的一个标杆企业和生态园区。产业的转型升级需要投入大笔资金,其中涵盖可见的土地平整和种子购买等费用,更包括不可见的工资支付和人才引进等费用。该生态农业项目涵盖农、林、牧、游、商五大产业,公司已投资 3 亿多元。不仅如此,产业转型需要大量的时间成本,很长一段时间内仍需以工养农。当前,华北奕丰的主要盈利来自苗木养殖和建设公司对外承包县里的绿化工程,一年收入大概在 3000 万—

4000万元，仍远低于投入。在转型升级的过程中，华北奕丰还需要引进大量人才和支付大笔费用，其中不仅包括招聘企业职工子弟的基础工资，也包括柔性引进和外聘周边高校的教授。在巨大的投入面前，要想收回成本，需要极长的周期。

招商工作迟缓，错过了产业承接的黄金期。在煤炭行业黄金期，大量煤炭企业赚得可观利润，所以无心顾及产业转移。但由于煤炭企业属于资源依托性产业，自身缺乏成长性，资源一旦枯竭迎来的便是产业衰败。但是在同时期，部分中西部地区已成功接受来自东部沿海地区的产业，以安徽、江西和四川等省份为典型，它们成功闯出一条由"黑"转"绿"的专业转型发展道路。如2008—2012年，四川省已围绕"7+3"特色优势产业，谋划"六带、一链、四集群"格局，出台和陆续执行承接产业转移的工作方案。反观山西盂县，其既缺乏对资源枯竭的危机意识，对产业承接的反应也相对迟缓，故其当前对煤炭产业的依赖性仍旧较强，县内的产业结构也相对单一。

（二）人才工作编制匮乏，运行保障机制不健全

人才工作编制匮乏，专职人才工作人员紧缺。盂县人才工作尚处于起步阶段，尚未形成较为完整的机构体系。一方面，盂县人才工作机构单一，现仅有人才办一家负责；另一方面，盂县人才办的专职人员不足，现仅有2个编制。人才工作编制的缺乏和专职人才工作人员的紧缺，都使得盂县人才工作起步难、专业化低。

运行保障机制不健全，人才工作未形成合力。全县人才工作的经费保障不健全。2019年盂县有5万元的经费预算，但仅花费1万元；2020年实际花费39万元；2021年的200万元经费预算，实际花费160万元；2022年经费预算200万元。没有经费的保障，很难开展体系化的人才工作。此外，县人才工作的机制保障不健全。当前盂县的领导小组仅承担协调职责，并更侧重于经济发展工作，较难顾及人才工作。盂县人才工作的运行保障机制不健全，会直接导致人才工作的合力难以形成。当合力不足时，人才办的工作只能停留在完成行政任务和考核任务的层面。

宏观蓝图已经绘就，具体政策亟待落实。盂县"十四五"规划已就人才工作做出了宏观规划，并将其统合为"做好引才育才工作，优化人才发展环境"，其具体要求为：实施人才强县战略，打破常规引进人才，多措并举培养人才。聚焦平台团队、课题人才，围绕工业发展需求，紧扣产业链，激活人才链，大力引进、培育高层次人才，深化人才体制改革，以高质量人才引领高质量转型发展，并分了三个章节"创新人才引进方式""培育各类创新人才""优化人才发展环境"展开论述。但是具体如何让政策落地还亟待解决，一类是如何出台具体政策，另一类是出台了政策如何细化各项具体措施。

自上而下未形成人才工作氛围，组织部门孤军奋战。人才工作作为一项需要多部门协作的系统工程，涉及经济社会发展的各个领域、各个行业、各条战线。人才政策的落实，重大人才工程的推进，需要多个职能部门齐抓共管、相互配合才能高质量地完成。这就要求人才工作者努力提高沟通协调能力，注重整合力量，发挥部门协同优势，形成人才工作合力。要积极推进人才工作领导方式和工作方法创新，在协调方式、协调手段上大胆探索，建立统分结合、协调高效的人才工作新格局。实地访谈的结果显示，教育科技局、人社局、农业农村局、文旅局、宣传统战部等部门都认为其应当仅由组织部负责。这也凸显了当地没有形成真正的人才工作氛围。一方面，各部门之间的人才储备尚未实现资源共享。教育科技局主管教师人才队伍，农业农村局主管农技人员队伍，宣传统战部在经费严重不足的限制下也只能以开会和培训的方式开展人才工作。可见，各部门都分管不同的人才，各部门之间沟通机制不够完善，无法将广义上人才的信息资源进行有效的共享与管理。另一方面，各部门的人才工作尚未发挥自主性,基本还停留在等待组织部政策指导的阶段。在人才工作氛围尚未形成,组织部孤军奋战的大环境下,组织部还要兼管"抓党建促基层治理能力""十万清零,百万倍增"等其他工作,这都导致盂县人才工作当前的困境。

公务员事业单位年龄结构断层,导致编制难题。由于历史原因,2012年前的冗官冗员现象严重,后来才形成了凡进必考的氛围。因而,长时期的历史欠账导致诸多编制难题困扰至今。从年龄结构上看,盂县公务员、事业单位人员大多在45岁以上,其中公务员占比63%,事业单位人员占比51%。不仅如此,他们大多集中在50—60岁年龄层;35岁以下的人员仅占20%,其中公务员占比20%,事业单位人员占比9%。一方面,公务员、事业单位人员的老龄化趋势,促使惰性等因素阻碍编制内工作效率的提高;部分老龄工作人员难以承担资料制作等任务,其积极性也远不如年轻人。另一方面,由于大量编制被老龄工作人员占据,导致编制内无法引入新鲜血液。较其他地区,山西盂县的农技人员更加紧缺,且部分高附加值的农作物需要年轻工作者来创新与培育。以农业农村局为例,农机所、农科所都是50岁以上的农技人员,引入新人需要等50岁以上的农技人员退休方可进入,并且退休与引入的比例需要控制在3∶1。新鲜血液的流入限制会导致各领域难以突破,从而加剧"老龄化—效率低"的现状。不仅如此,人才工作必须有经费支持,但目前冗官冗员的现象会导致财政吃紧,也就导致人才的引育留用难上加难,造成"冗官冗员—老龄化—工作效率低、技术难以创新、经费吃紧—引人育人难"的恶性循环。

(三)人才市场化程度不高,政府扶持引导机制形式大于实质

人力资源服务业的市场化程度不高,人力资源服务与企业需求不匹配。当地仅有的两处人才市场寂寥无人,主营业务并不是将优秀人才"引进来",而是将本县人"放出去"。另外,盂县企业发展倾向于需要农技人才与新媒体人才，但目前盂县人才市场招引的人才仍无法满足企业发展的需求。以上问题会导致人才市场所提供的人才与企业发展现实需要的人才间存在巨大差距，因此出现"人才招引困难"与"人才招引无法满足需求"的双重压力。

政府扶持引导机制不精准，众创孵化不匹配。盂县已为企业发展和创新创业搭建了平台，当中不乏众多孵化园、就业园，但其与实际现状不匹配。大数据、人工智能、5G技术等是当今时代的发展方向，其不仅需要大量资金作为支撑，更需要由市场需求倒逼，但对于盂县而言并不适用。盂县以煤炭产业和农业为主导，很难在基础较差的高新技术方面获得突飞猛进的进步。当前盂县的煤炭产业需要转型升级，显然需要工业技术人才；农产品出现严重滞销且附加值低，需要农技人员和销售人才。政府的扶持引导机制应该更精准地切合盂县实际。

第四节　盂县乡村人才引育留用的对策

一　精准化发展产业，产业驱动人才回归

为真正使得人才"引得来""留得住"，首先应大力发展县域经济，特别是通过精准化、差异化的发展产业，通过产业驱动，促人才回归。

候鸟式养老与乡村旅游结合，精准发展盂县旅游业。结合盂县优越的地理位置（与太原和石家庄形成"半小时交通圈"）与良好的气候条件（夏季清凉，平均气温约22℃），主动推进乡村旅游业的发展，将其纳入解决农村问题、推动农村持续全面进步的战略范畴。

盂县的乡村旅游，不能简单地复制长三角地区的高端民宿经济，也不宜走年轻化路线，引入大量外来资本复制乐园类乡村旅游。这些项目都需要大量前期投资，并且回报缓慢，另外

这些项目也需要依托像长三角地区这样广阔的经济腹地，才可能有足够的客流量。

盂县的乡村旅游应该结合自身的特色，与候鸟式养老相结合，主要的服务目标即退休的城市老年人群体。这类候鸟式养老的乡村旅游，时间跨度长，一般会持续2—3个月，对于周边的游乐配套设施要求并不高，有基础性的公共服务即可（如农贸市场、公共广场等）。这样一来，不管是基层政府还是普通农家，在不需要大量投入的情况下即可投入运营，收效快，能产生示范效应，并能带动旅游周边产业。而盂县天然的环境资源——凉快、生态好，与物价便宜的社会属性，自然成为对价格敏感并希望生态养老的老年群体的不二选择。

将分散的景区，串珠成链，保持乡村自然人文环境的原真性。如为了让游客留下来、住下来，应将分散在盂县各地的景区串联起来，即所谓串珠成链。如东线的藏山景区、苍山翠谷、小独头以及周边的千佛寺、云雾寺等，可通过一定的主体，串联起来，在标志牌与景区交通上做出勾连，形成一条完整的线路。而北线的梁家寨大汖温泉，亦可以将其红色资源、山中的布达拉宫与温泉连成一线。在开发乡村旅游时，要突出强调保持乡村自然人文环境的原真性，尊重在乡村概念中旅行的设计。要保留其乡土味、自然味、原始味，强调生态旅游，要防止标准化、商业化、城市化对"乡村"的侵蚀。在建筑风格改造、公共厕所、停车场、垃圾处理、清洁能源等方面提供支持，把以上公共设施设计成与农村的乡村性和谐的形式，如"麦秸垛"式的停车场、豆棚瓜架下的餐厅、拱顶绿坡式的垃圾场等。要让乡村居民明白农耕文化从社会发展阶段来说是落后的，但其"人与自然和谐共存"的生活方式却是人类共同向往的，现代人追求的生存质量和生活时尚，便是返璞归真、亲近泥土。此外，乡村旅游的客源应从区域性向跨区域性转变，特别是应主动对接河北、北京等省市的老年人群体，使其成为盂县候鸟式养老与乡村旅游的首选地。

注重以强村公司形式"飞地抱团",积极探索高附加值种植业。考虑到盂县乡村的实际情况,理应继续加强种养业的发展,但是接下去发展的种养业不能再重复低端再生产,而应积极探索高附加值的种植业,因为高附加值的种植业可以克服运输成本的劣势。如长三角地区时新的"红美人"橘子,将橘子的价格从2—3元/个跃升到了30元/个,还供不应求,阳光玫瑰葡萄也实现了价格的跃升。一旦商品的附加值提高,则相对高昂的运输成本,就不会成为阻碍种养业外销的绊脚石。另外为了消除普通群众的顾虑,村干部、党员应起到先锋带头作用,主动先行先试,只有榜样引导、带头成功了,普通群众才会迎头跟上,所以还应建立强村公司,在"产权清晰、收益归村"的原则下,根据各村地理位置、村内资源、经济实力等,依照《公司法》有关规定,以村集体经济组织独资、多村联合投资等形式打造的市场化运营特色品牌,以农村集体经济的形式,带头致富,形成合力。

紧紧抓住煤炭行业回暖期,积极发展煤炭的上下游产业,促进产业转型。做好资本积累,探索转型,摸索符合自身特色的上下游产业。一是壮大新能源产业规模。推进风电、光伏发电、抽水蓄能电站、煤层气发电、生物质清洁燃料利用等新能源发电项目,优化电力生产结构,推动盂县能源绿色低碳发展。因地制宜开展"光伏+"应用工程,促进光伏发电与其他产业有机融合。二是培育壮大新材料产业。聚焦国省战略导向,围绕重点材料领域,强化新材料品种、工艺、技术和装备攻关,加快形成占据价值链中高端的新材料产业发展体系,打造具有盂县特色、全国知名的新材料产业高地。三是加快发展节能环保产业。加快节能环保共性关键技术、核心材料、关键设备的研发和产业化,依托盂县电厂,围绕电厂粉煤灰、脱硫石膏等固废进行综合利用,加快构建固废—新型建材产业链,大力发展固废资源综合利用和节能环保产业。四是提升耐火材料产业发展质量。耐火材料产业坚持"精深专特"方向，积极推动耐火材料产业重组集聚，培育龙头骨干。按照提升壮大一批、规范重组一批、出清淘汰一批、源头管控一批"四个一批"行动路线，持续提升耐火材料行业产品质量和高端产品供给能力。五是推进煤炭洗选产业升级。按照市场需求调整优化产品结构，扩大煤炭洗选加工，提高洗配煤占商品煤的比重，提高煤炭附加值，推进传统煤炭产业向高端、高质、高效迈进。通过取缔关闭一批、淘汰退出一批、重组整合一批、改造提升一批，严控新增产能，大幅度压缩煤炭洗选行业过剩产能，形成以煤矿配套选煤厂、群矿中心选煤厂和大型煤炭用户配套选煤厂为主，独立选煤厂为补充的产业格局，优化煤炭洗选产能布局。

积极精准承接东部沿海地区的产业转移。积极探索符合盂县自身特色的承接东部沿海地区产业转移的路径。盂县应充分利用自身的特色，如能源原材料丰富，实体经济基础牢固，综合交通网络体系完善等，差别性地引进符合盂县自身逻辑的产业，如电力热力、有色金属、石油化工、装备制造、交通运输设备制造等。全力推进"引商入盂"工程，强化与经济发达省份的对接联结机制，落实政府签订的合作协议、备忘录等，从政府层面共同协商推动产业转移。重点推动县际协作和友好城市协同发展，创新投资合作、委托管理、"飞地经济"等模式建设产业转移合作园区，探索重点企业注册地与经营地分离改革，健全跨区域产业转移成本分担、税收利益分享机制，逐步推行跨区域财政协同投入和税收联合征管。同时，实施产业基础再造和产业链提升工程，集中优势突破一批核心技术、关键零部件，提升本地配套能力，增强产业链稳定性和竞争力。

二 精准推动人才扶持政策,差异化引人育人

与东部地区相比,盂县在如芯片制造、人工智能、数智发展等方面的引人力度无法与东部地区相比,因此要错开引人,一方面与本地的产业特色相结合;另一方面与自身的实际发展阶段和条件相吻合。

实施新农人引进计划,大力引进农技人员。充分发挥盂县现有的以乡村教师、乡村医生为主体的专业技术人才的作用,建立本地化的人才流动、考核等管理机制,依托体制编制资源,建立全县编制"统编统管机制",建立"县编乡用""乡编村用"制度,引导人才向基层流动,在不突破总编制的前提下,混合使用"公务员""事业"编制,提升基层乡村人才使用的灵活性,以更好地、可持续地引进相关专业技术人才。制定完善农技人才发展专项规划,提升"县农技推广中心"的地位和作用,构建一支老、中、青相结合的农技人才队伍。转变农技人员的传统定义,拓宽农技人才应用范围,把乡村网红销售、乡村旅游服务、民宿管家、农业传统技艺传承等纳入农技推广范畴。重点是引留产业龙头老板、职业经理人、农业科技带头人、大学生村官等农村"带头人",关键是引入打过工、求过学、当过兵的农民工、大学生和退役军人等农村"骨干"。

实施百千万农村实用技能人才培养计划,加大本土农村人才的培养。紧扣乡村实际所需培育农村实用人才,加大对盂县乡村新产业、新经济人才,特别是农村网红销售、乡村旅游服务、民宿管家、农业传统技艺传承等人才的培育力度,融入直播带货、手机应用、5G技术等课程,坚持培训和市场需求相结合,依据市场需求提供培训清单。赋予乡镇人才培育方式、内容的自主权,根据盂县东南西北不同产业类型,精准实施不同的本土农村人才培养计划。加快农村劳动力技能培训基地建设,鼓励和引导有条件的企事业单位、专业协会以及各类中介服务

组织，在取得资格认证的基础上，建立培训基地，开展培训工作，建立设施配套、功能齐全、县乡联动的农村劳动力技能培训体系。建立农村劳动力技能培训资质认证机制，统一标准，统一管理。建立和完善农民技能培训工作考核机制，农村劳动力技能培训的目标和任务列入各级各部门工作责任制考核。建立和完善政府主导、多方筹集的农民技能培训投入机制。

继续推行导师传帮带，建立一支能打硬仗的农村党员干部人才队伍。充分发挥"一村一名大学生"工程引进的277名大学生村官作用，通过县域内部合理流动配置，形成经验结构和年龄结构互补的、可持续的乡村人才队伍，使其成为盂县新时代乡村振兴的中坚力量，真正扎根农村，服务农村。实施多层次的乡村人才帮扶工程，开展县、乡、村老支书、老干部的传帮带扶才计划，发挥老干部余热，促进农村党员干部人才成长。开展城市智力扶才计划，县农口系统专业技术人才广泛联系农村企业、基地和农户，大力推进农村工作管理和技术创新，促进农村人才发展。通过结对帮扶的形式主动上门为农民提供技术服务，利用专业技术人员现场指导和种养能人现身说法等方式开展，真正起到传、帮、带的作用。全面实施把党员培养成人才、把人才培养成党员和把优秀党员人才推向基层领导管理岗位的"党员人才工程"。

亟须推动柔性引进工作，润物细无声地实现农村发展。县里成立"新时代农村人才协调办公室"，依托乡镇农业综合服务、经济建设服务和社会事业服务"三中心"，建立乡镇"新时代农村人才联络中心"，形成工作网络；持续深入推进校地合作工程，继续开展"百名高校师生盂县行"等活动，开展省校合作多层次、广覆盖的合作行动。充分发挥省市农业科技园、农业科技推广中心、高层次科研机构、省内外高校人才组建的盂县乡村"创业导师团"的作用，以短期租赁等形式引入高层次人才为我所用，鼓励各级各类企事业单位开展灵活多样的柔性引才工作，出台相关管理和扶持政策。建立农业专家联系乡镇制度，依托省内外高校和科研机构，组织农业专家、教授定期到盂县乡镇开展调研咨询、人才培训、项目服务等活动，围绕农村经济社会发展需要，在产业规划、村镇建设、环境保护、技术攻关、产品研发、农村改革等方面，建立专家和乡镇合作、与项目对接、与产业互动、与市场接轨的机制。开展农村人才协会扶才计划，依托专业合作经济组织、专业市场、示范基地等，逐步建立健全各类农村人才协会，不断完善农村人才协会的服务功能，服务于乡村人才发展。

着力建立健全人才发展保障机制，营造良好的乡村人才成长氛围。深入实施人才强县战略，坚持党管人才原则，在党委统一领导下，充分发挥组织部门牵头抓总，积极发挥有关部门各司其职、密切配合，引导鼓励社会力量广泛参与的人才工作运行机制，整合人才工作力量和资源。组织制定乡村人才资源开发中长期发展规划，与盂县经济和社会发展总体规划相衔接。建立重要工作议事机制，县委人才工作领导小组成员单位定期或不定期参加联席会议，有明确的议程和规程。建立责任落实机制，根据全县人才工作年度计划和专项计划，分解具体任务和责任。建立目标考核和督促检查机制，把人才工作纳入各部门、各乡镇领导班子和领导干部综合考核评价中，从建立意识等软性考核开始，循序渐进，逐渐深入。建立信息收集和反馈机制，与统计部门密切合作，及时统计各种人才信息数据，及时宣传好经验、好做法，及时研究分析新情况、新问题，提出建议。

三　精准激发市场活力，着力推动富民工程

发展共建共享型集体经济，推动农民共富效应的人才回流。集中力量搞好盂县乡村集体经济的"清、化、收"工作，在清理、整理和整顿乡村资源资产的基础上盘活集体经济，经营好

集体经济。进行乡村集体经济产业项目设计，开展对具体产品、服务、技术及项目实施的具体步骤、方法和关键细节的论证以及确定。要鼓励村民按照规划、设计的程序要求参与论证、监督，行使同意权、监督权，而市场供给主体按规定进行公示，单独或与当地政府、村委会合作召开各种层次的村民会议。经市场调研，权衡比较在确定项目投资和建设方面是否存在村民参与的渠道；村民个人或村集体能否在项目投资占有一定的股份。如果不能占有一定的股份，项目的主要投资方可以做哪些方面的补偿，如以旅游项目停车场的建设和管理、垃圾项目的办公场地租赁等方式增加村集体资产收入。在项目建成后，村民或村集体一般会按照合同以及投资收益情况进行分红。

发展普惠型民生经济，推动农民共富效应的人才回流。首先，激发市场活力，富民工程，激发老百姓参与旅游建设（如景区设置居民小摊贩，农家乐、民宿等），这些产业虽然对于GDP贡献不大，但都是富民工程。要改善政策协调性和改变公共投资目标，发展垂直农业、都市农业，改善农村教育医疗等社会保障网络和信息服务等基础设施水平。充分发挥电子平台的作用，运用"互联网+"的思维和模式，将农业产业与互联网有效地结合起来。其次，还要加强农业信息服务平台的搭建，利用服务平台发布农业信息，更好地为农业发展提供服务，让农民在信息服务平台上能够实现从原材料采购到终端销售一条龙的服务需求。发挥"头雁"效应，建立新型经营主体带头人与贫困户利益联结机制，实现带富共富。开展技术指导和产业帮扶等，利用本企业或上下游企业为结对村提供就业岗位，采用"公司+基地+农户"的组织模式，带动周边季节性产业发展。

构建城乡均衡发展新格局，推动农民共富效应的人才回流。构建高效包容的城乡价值链，统筹城乡收入、健康、教育、营养等社会保障政策。通过生态环境保护和改造食物系统促进农村繁荣，通过消除体制和政策壁垒健全农村地区的社会保障，通过推进新农村基础设施建设帮助返乡青年创业。加强乡镇和中等城市间的经济和社会联系，通过更大范围、更高层级的区域协调，建立供应链、安全链等各方面和多形式的链接，稳定经济社会链接的渠道、方式，使其可持续、有效率。提升乡村治理水平，强化"三治"融合，增强乡村公共服务有效供给，让公共服务资源真正发挥作用、惠及群众。以共享理念整合资源，扎实推进、巩固、拓展脱贫攻坚成果同乡村振兴有效衔接，坚决防范规模性返贫，携手社会力量建设"服务乡村振兴共同体"，培养与吸引更多人才、资金、技术等要素进入乡村振兴相关领域，鼓励丰裕社会资源精准高效参与乡村振兴，将解决城乡差距、收入差距作为主攻方向，将资源更多向乡村、欠发达地区倾斜，向困难群众倾斜，依据乡村发展的阶段性矛盾，引导形成多元共治格局。

构建乡村人才市场服务机制，推动农民共富效应的人才回流。重视发挥市场配置人才的基础性作用和公共服务功能，落实用人单位和人才的自主权，完善人才市场的供求信息和人才引进信息发布制度。根据盂县经济社会发展需要，发布人才需求目录，引导用人单位精准引进各类人才和高水平创新团队。鼓励企业根据自身发展需求自主开展人才需求预测，支持人力资源服务机构开展人才供需预测分析研究。探索建立并完善高层次人才临时周转编制专户制度，引进高层次人才。做好"无中生有"类的创业人才及其团队实施企业税收优惠、个人所得税返回等奖励措施。对优化营商环境过程中切实帮助企业提速增效、有效降低实体经济成本、采取有力措施保护企业家权益、确保政策落地落实见效的优秀集体和先进个人适时予以表彰。在表彰项目中，对中小企业和民营经济、中小企业家给予重点倾斜支持。对符合条件的高校毕业生、小微企业引进人才给予创业担保贷款和财政贴息政策支持。

第五节　中部资源地区乡村人才工作的反思

一　产业驱动文化引领，激发乡村人才工作的优势与活力

盂县地处中原地带，文化底蕴深厚。当地宗族势力不强，但是宗族文化源远流长，并被很好地继承和发展；民间信仰与宗教传统鼎盛，一村一庙是常态，并承担了部分公共服务职能；儒家传统深厚，游子情结、思乡情结贯穿始终。

第一，用乡土之情激发乡土人才的回乡情结。本土人才归雁有巢、乡愁有根，对家乡有着特殊感情。应用榜样和典型示范激发人才的思乡之情，以领导干部登门拜访、电话联系、微信联络等机制，织牢"乡情""乡愁"纽带，让在外工作的乡土人才了解家乡的发展变化、知晓未来发展蓝图、激发回乡创业的激情。

第二，用乡土产业激发乡土人才的回乡动力。要通过建设特而强、精而美、聚而合、活而新的乡土特色产业经济，激发乡土人才的回乡动力。充分发挥创新创业孵化中心和返乡创业联合会的作用，提升特色产业队伍创新创业意识和能力。通过"一对一""一户一策"等方式帮助乡土创业者规划好创业项目、完善经营手续、做好资金管理、提供法律援助、拓展销售市场、解决特殊问题等免费服务，用体现当地特色的乡土产业吸引乡土人才回归。

第三，用乡土文化激发乡土人才的回乡优势。乡土人才常年居住在农村，在实际生产生活中，积累了丰富的知识，他们既可以是农村土生土长的致富带头人，又可以是扎根基层的"土专家""种养殖能手""能工巧匠""民间艺人"等。这些乡土人才常年活跃在农村基层一线，能够快速将自己的实践经验进行推广，并能带动农民致富，有着不可替代的作用。我们要将这种独特的乡土文化转化为乡土人才的回乡优势，最终实现

人才的有效回归。

二 精准发力分类施策，集中优势资源以点带面的开展乡村人才工作

孟县作为中部地区资源型省份，虽然有丰富的矿产资源，但是其波动巨大，无法实现持续的资源供给。同时，孟县虽然矿产资源丰富，但是未能转化为有效的公共服务资源供政府开展各项工作。正是在这样的背景下，如何精准发力分类施策、集中优势资源以点带面地开展乡村人才工作，就成了孟县人才工作的题中之义。

第一，差异化引人育人，以点带面地开展乡村人才工作。在资源有限的前提下，"撒胡椒面式"的引育政策很难取得实效，必须要集中优势资源定向开展引人育人工作。为了与东部地区错位发展，提高人才吸引力，中部地区资源型省份的乡村人才引进工作应与本地的产业特色相结合，与自身的实际发展阶段与条件相吻合，特别关注传统农技人员、新业态农技人员如农村网红销售、乡村旅游服务、民宿管家、农业传统技艺传承人等。在产业上与种植业、畜牧养殖业、乡村旅游业、煤炭上下游配套产业等相吻合。

第二，刚柔并济借力发力，润物细无声地开展乡村人才工作。既要通过公务员、事业单位招考，选调生等，以硬指标的形式招录一批投身农村工作的人才，也要通过柔性引进的方式，如"双休日专家""周末工程师"等，借力发力，将一些高端人才为我所用。

第三，一人一策精准发力，以更人性化的政策开展乡村人才工作。从人才本身的政策工作，拓展到对其配偶、子女的关怀，帮助其解决实际问题。给人才提供培训提升与发展机遇，探索访学、交流、挂职等多方位的提升途径，拓展视野、学习经验。将人才工作做到心坎里，关心人才的生活细节，做到

"给市外人才的一封信""唯一的工号""办好一件事,温暖一家人"等多种类型的暖心工程。

三 法治承诺奖惩机制,推动诚信政府与人才发展环境建设

发展环境是一个地方综合竞争力的核心,良好的发展环境能够有效凝聚发展力量,激发市场活力和社会创造力,为一个地方的发展提供坚实的保障。良好的发展环境对人才来说具有巨大的吸引力。

第一,建设诚信政府,力戒三类行为。一戒政策朝令夕改。政策如朝令夕改,缺乏稳定性和连续性,人才将会逐渐失去对政府的信任和信赖。二戒新官不理旧账。新官不理旧账是法律意识淡薄、契约观念欠缺的具体表现,会打击人才的积极性。三戒不兑现承诺。政府若不能秉持诚信兑现承诺,则无法做到取信于人才,既严重损害政府的公信力,又极大伤害人才在地工作的信心。

第二,以法治方式,推进人才制度环境建设。诚信的第一表现是对法律的尊重与执行,坚决依法办事。政府必须将一定的人才政策以法律法规的形式固定下来,作为一切引人行为的根本依据,始终坚持依法行政。

第三,建立健全奖惩机制,把人才政策的兑现情况纳入考核。把政务守诺服务纳入政府绩效评价体系,逐步在各部门建立健全人才政策承诺考核制度,对于诚实守信的干部和部门,要予以奖励;对于失信的干部和部门,要予以严厉的惩处。

四 人才振兴乡村善治,乡村人才工作与农村基层治理有效互动

人才振兴与乡村善治,犹如一枚硬币的两面,你中有我,我中有你。一方面基层有效治理关键在人,没有人才的乡村无法实现有效治理;另一方面只有基层治理好了,才会有人才愿

意过来，二者相辅相成、相互促进。

第一，治理重心下沉，配齐镇、村两级干部，是乡村人才工作的起点。中部地区普遍存在市、县一级冗官冗员，而镇村干部匮乏的现状，"上面千条线，下面一根针"，要推进人才工作，必须落实"最后一公里"的组织保障。有计划地从县级或以上机关选派能力突出的年轻干部到乡镇任职挂职，多渠道建立党政干部下乡任职、挂职、帮村的长效机制。坚持按编制员额及时补充人员，分批招录一定数量的高校毕业生、退役军人等，动态充实、优化干部结构。此外，还应推动优质公共服务资源向基层倾斜。

第二，建立一支能打硬仗的农村党员干部队伍，是乡村人才工作的重心。"群众富不富，关键在支部。""支部强不强，要看领头羊。"村党组织带头人有觉悟、有干劲、有能力、有群众基础和奉献精神，作风正派、办事公道，是搞好乡村治理与人才工作的关键。只有建立起一支素质过硬的农村党员干部队伍，才能以党员干部人才投身乡村事业带动更多的人才投身乡村事业。

第三，实现乡村人才工作与农村基层治理有效互动，是乡村人才工作的终点。一方面大量人才的回归，将新思路、新理念带到乡村，及时补充了新鲜血液，有助于农村基层治理的有效推进；另一方面农村基层治理的有效推进，将创造出适合创业的平台，提供激发人才活力的事业，反过来又成为吸引人才的重要推动力量。乡村人才工作与农村基层治理的良性互动，是实现乡村人才工作可持续发展的有力保障。

第六章　法治乡村与乡镇行政执法改革

党的二十大报告指出:"法治政府建设是全面依法治国的重点任务和主体工程。转变政府职能,优化政府职责体系和组织结构,推进机构、职能、权限、程序、责任法定化,提高行政效率和公信力。深化事业单位改革。深化行政执法体制改革,全面推进严格规范公正文明执法,加大关系群众切身利益的重点领域执法力度,完善行政执法程序,健全行政裁量基准。强化行政执法监督机制和能力建设,严格落实行政执法责任制和责任追究制度。完善基层综合执法体制机制。"① 而乡村法治建设的重要性不言而喻,事关全面依法治国的实现。推进法治乡村建设,是一项系统工程,既要有"民"的视角,如民众法治意识、普法工作等,也要有"政"的视角,如规范权力运作、强化执法等。其中,行政执法连接了"民"与"政"。一方面,行政执法内含普法,正是在这个意义上,"谁执法谁普法"成了规定性要求;另一方面,行政执法的前提是政府权力运行本身是合法的,因而是法治政府建设的关键。此外,行政执法也直接关系着社会秩序,规范化的行政执法有助于社会秩序的建构,而行政执法不足则易于引发社会失范。因此,行政执法,是乡

---

① 习近平:《高举中国特色社会主义伟大旗帜　为全面建设社会主义现代化国家而团结奋斗——在中国共产党第二十次全国代表大会上的报告》,人民出版社2022年版,第41页。

村法治建设的关键点。

长期以来,我国行政执法在基层仍存在若干尚需提升与改进之处,尤以乡村地区为甚。作为乡村社会的基层政府,乡镇承担着大量基层社会治理责任,即所谓的属地管理责任。但相较于县级政府而言,乡镇政府具有一定的从属性,集中体现为权少责多等问题。具体到行政执法方面,乡镇是一个特殊的领域,主要表现在乡镇政府未被赋予充分的行政处罚权以及相应的行政强制权。因此,在现有的治理体制下,乡镇层面的执法面临着两大困境:一是作为属地管理主体的乡镇政府缺乏必要的执法权,按照现有法律,大量执法权仅限于县直部门,"执法权不下县"现象较为普遍;二是为便于执法,部分县直部门在乡镇建立派出机构,分别负责相应领域内的执法,执法碎片化现象亦较为突出。乡镇层面的执法权配置结构又表现为:纵向上县乡分配,以县为主;横向上多部门散布。一方面,纵向上以县为主的权力分配结构导致"看得见的管不到""管得到的看不见"的结构性执法困境;另一方面,执法权碎片化分布易于造成权责重叠与模糊,引发"执法公共地悲剧",相互推责现象时有发生。随着乡村法治建设的深入推进,执法权相对集中以及向乡镇政府下放成为必然选择。也就是说,乡镇综合执法改革成为基层治理现代化的突破口,对推进基层治理体系和治理能力现代化产生了重要推动作用,有助于实现基层治理精细化、推进政府职能转变和机构改革、完善共建共治共享社会治理新格局。

近年来,乡镇综合执法改革被提上政策日程,逐步在全国层面铺开。2015年11月,中共中央办公厅、国务院办公厅印发《深化农村改革综合性实施方案》,在中央政策层面上率先明确深化农村行政执法体制改革,强化乡村基层执法力量,推进重点领域内的综合执法。2016年,中共中央办公厅、国务院办公厅专门就推进经济发达镇行政管理体制制定《关于深入推进经济发达镇行政管理体制改革的指导意见》,从顶层设计上明确了今后乡镇综合执法改革的方向，要求整合现有的站、所、分局力量和资源，由经济发达镇统一管理并实行综合行政执法，建立健全镇政府与县直部门行政执法协调配合机制，强化监督问责。

在总结经济发达镇行政管理体制经验和教训的基础上，为进一步推进基层法治建设、构建简约高效的基层管理体制，2019年，中共中央办公厅、国务院办公厅印发《关于推进基层整合审批服务执法力量的实施意见》，将基层综合行政执法权由经济发达镇向普通乡镇拓展，明确提出了推进行政执法权限和力量向基层延伸和下沉，强化乡镇和街道的统一指挥和统筹协调职责。与之相应，2021年1月22日第十三届全国人民代表大会常务委员会第二十五次会议修订的《行政处罚法》在法律层面上就行政处罚对乡镇进行了授权，其第二十四条明确规定："省、自治区、直辖市根据当地实际情况，可以决定将基层管理迫切需要的县级人民政府部门的行政处罚权交由能够有效承接的乡镇人民政府、街道办事处行使，并定期组织评估。决定应当公布。"

由政策到法律层层递进，不仅表明了乡镇综合执法改革的重要而审慎的渐进过程，也体现了党和国家对乡镇综合执法改革的持续重视与高位推动。今后相当一段时间内，乡镇综合执法改革将是基层社会治理创新的重要发力点之一，并将深刻改变乡镇管理体制以及乡村社会治理体制。

在此背景下，盂县于2020年12月份公布《中共盂县县委办公室、盂县人民政府办公室印发〈关于深化乡镇机构改革推进基层整合审批服务执法力量的实施方案〉的通知》（办字〔2020〕20号），正式启动乡镇综合执法改革。近几年来，盂县乡镇综合执法改革进展到了哪一步？阻碍改革持续推进的深层次因素主要有哪些？未来应如何进一步突破？带着这些问题，我们在盂县开展了为期半个月的实地调研，先后走访县司法局、编办、农业农村局、城管局、市场监督管理局、乡镇综合执法队、市场监督管理站、国土资源站等多个部门，采用深度访谈与问卷调查等形式了解相关问题。

作为一项正处于进行时的改革，盂县的乡镇综合执法改革为我们观察基层法治建设提供了一个难得的契机。作为综合改革起步的中部县域，盂县的改革效果尚有待观察。由于其与全国多数乡镇综合执法改革处于同步时期，虽有江浙等地的成熟经验可供参考，但来自中部的案例同样具有独特优势。盂县在综合执法改革过程中遇到的问题、总结的经验，既可在与东部地区案例的比较中探明特性，也可为中部地区条件相近、进程同步的改革提供重要借鉴与参考。

第一节　基层现行行政执法体制及其实践

过去形塑着今天和未来，全面认识和分析乡镇综合执法改革，不可能脱离对基层现行执法体制的分析。

一　县级执法组织体制

盂县县级综合行政执法改革先于乡镇实行。党的十八届三中、四中全会就"深化行政执法体制改革"做出的重要指示，为加快推动市、县两级综合行政执法改革吹响了冲锋号。在省、市两级政府关于加强综合行政执法改革的推动下，盂县也逐步加快了综合行政执法的步伐，陆续在城市管理、自然资源、文化市场、市场监管、应急管理、劳动监察、农业农村、卫生健康、交通运输共计9个系统推动了综合行政执法改革。各系统内按照"大部制"改革思路，基本完成了内部职能整合、机构调整、组织重塑和制度补足。在机构上，其显著特征是构建了"局队合一"模式，整合同系统内相近单位的执法组织和人员力量，成立相应的综合行政执法大队，执法大队对外以整合后的各个局的名义开展执法工作。

二 乡镇执法基本形态

与全国大多数乡镇类似,孟县下辖的乡镇并不具备行政执法的主体资格。因此,除极少数权力事项外,乡镇不能直接对违法行为进行行政处罚和采取强制措施。在综合行政执法改革之前,乡镇主要实行"派出+协助"执法模式即派出机构执法、乡镇进行协助。负责执法的派出机构由相关行政机关根据需要报经上级主管机关批准或自行在乡镇层面设立派出工作机构。因此,派出机构一方面可以将执法权延伸到乡镇地域,另一方面却没有独立的法律地位和行政职权,只能以设立机关的名义行使执法权。典型的派出执法机构有乡镇派出所、自然资源和规划所、市场监督管理所等。但这些受委托执法的站所,经常存在人员不足、与乡镇特别是乡村脱节等问题,执法过程中特别需要乡镇政府的帮助。因此,乡镇政府的有关内设机构就会与这些派出机构形成协助关系,推动执法行动的落地,并在这种协助关系中也逐渐摸索积累了不少的联合执法经验。

三 "派驻+协助"执法的若干困境

"派出+协助"执法模式以及随之积累的联合执法经验,并没有从根本上解决乡镇政府缺乏执法权力和资格这两个基本困境。同时,由于在乡镇层面机构林立等老问题没有缓解,基层执法因而衍生出了执法悬浮、执法分散、运动式执法等多重问题。

(一) 执法悬浮

根据学者周飞舟的有关研究,废除农业税以后,乡镇政权因为失去了收缴税费这一纽带而在国家—农民关系层面上带有"悬浮"特征,就行政执法来看,执法悬浮问题同样存在。[①] 由于执

[①] 周飞舟:《从汲取型政权到"悬浮型"政权——税费改革对国家与农民关系之影响》,《社会学研究》2006年第3期。

法权力、执法机构、执法队伍、执法编制、执法信息系统等主要集中在市、县两级，除极少数事项外，乡镇没有任何的执法权。乡镇更多的是发现违法信息源头并上报，协助县级执法部门在乡镇的派驻机构开展执法活动。乡镇自身承担着上级党委、政府指派的大量工作任务，在发现违法事件需要进行执法处置时，处于"看得见的管不着"的尴尬地位。而县级执法机构虽然执法权力和资源较多，但毕竟离乡镇和乡村社会有距离，信息发现迟滞，不能第一时间进行执法处置，面临"管得着的看不见"的问题。因此，在乡镇"权小责大"的权力分配体制下，县乡行政执法易出现执法悬浮的问题。特别是在强调构建法治国家、法治政府和法治社会一体化的新时代，执法悬浮使得难以打通行政执法基层"最后一公里"，不利于乡村社会违法行为的及时发现和处置，长期来看不利于实现乡村社会和谐稳定和法治秩序的构建。

（二）执法分散

执法分散问题是县域执法分散问题在乡镇层面的体现，同时又由于乡镇社会本身的特征叠加而显得更加严重。虽然县域层面已经在九大部门或系统内部进行了职能整合、组织重塑，建构了本系统的执法大队，但在乡镇综合执法改革之前，这些大队在镇域层面的执法主要依靠延伸下来的各个站所来实施。在镇域层面上，各站所主要负责本系统、本领域内的执法事项，如安监站负责安全检查，市场监管站负责食品、药品、特种设备和产品质量的监管。这样，执法分散化与碎片化等问题在镇域层面较为突出。更严重的是，对于同一个执法事项，由于权责清单制度落实的滞后，经常存在一件事情由多个部门来执法的问题，也就是实务部门和学界经常提到的多头执法、交叉执法、重复执法的问题。多头执法、交叉执法、重复执法必然带来执法扰民、困企的问题。

（三）运动式执法

对于违法案件，乡镇作为块块承担着"守土有责"的属地责任，职能部门及其延伸到乡镇的站所具有主体责任，同时，执法站所在了解熟悉基层状况、与群众密切程度、人力资源规模、组织动员程度等方面，均无法与作为一级政府的乡镇相比。因而在实践中，对于重大或复杂案件，一般是乡镇内部有关机构与有关基层站所之间进行执法联动，问题得到解决后联动执法即告结束。这是典型的运动式执法而非常规化执法，带有运动政治的重要特色。运动式执法由于其暂时性、运动性、非制度性，难以回应基层复杂的、持续的违法行为处置要求，同时，运动式执法往往需要协调多个执法部门共同参与，实践中经常因部门之间互相推诿扯皮而导致执法效果不佳，从长期来看，会影响行政执法法治化、制度化的建设。

第二节 综合执法改革的探索实践

正因为乡镇诸多执法困境与乡镇政府执法中的权责不对等有关，现阶段乡镇综合执法改革选择以赋权乡镇为主要路径。当前正在推行的以执法下沉为主要特征的乡镇执法权改革，表面上来看是执法方式的创新，但"牵一发而动全身"，涉及县乡执法权责划分、人事调整等诸多事关县乡管理体制变革的大问题。在这场变革中，县、乡两级政府首先要解决好"放得下、接得住、管得好"这一基础性问题。因此，乡镇综合执法改革，本质上是一场深刻的县、乡管理体制变革。

众所周知，条块关系是我国政治发展的基本关系之一，影响着基层政府的运作。对于条块关系运作而言，其内在机理是职权配置。事实上，乡镇综合执法改革也是围绕综合执法权的划分与配置而展开的。但是，这种划分与配置是发生在真实世界中的，而非纸上的"清单"。乡镇综合执法改革走向实践，不只是执法权下放，还应包括人事调整。人事控制是影响条块关系调整的重要因素，其既是乡镇政府能够"接得住、管得好"

的关键,也是"放得下"的重要影响因素。由此,职权—人事构成了分析乡镇综合执法改革的基本框架。当然,在全国层面上,乡镇综合执法改革也主要是从这个方面推进的。因此,后续分析将依此框架,在归纳国内改革的基本做法与经验的基础上,重点呈现盂县的实践进展,进而总体把握乡镇综合执法改革的进程。

一　国内改革的做法与经验

当下,乡镇综合执法改革在全国层面上如火如荼地展开,涌现出了一批具有代表性的案例。综合这些案例报道可知,乡镇综合执法改革的目标在于打造"一支队伍管执法",构建高效简约的乡镇管理体制;改革的具体推进主要围绕执法权下沉、人员配齐、智慧平台构建等内容而展开。

(一) 委托授权主导下的执法权下沉

在我国五级政府管理体制中,乡镇虽为最低层级的政府,但其在管理职责上与上级政府类同。有学者将之概括为"职责同构",意指不同层级的政府在纵向间职能、职责和机构设置上的高度统一。[①] 但是,乡镇又是一个特殊的政府,存在诸多不完整性:一是在机构设置上缺乏专业性划分,几乎没有相关职能部门;二是权力配置上,几乎没有审批权和执法权。新时代以来,伴随精准扶贫与乡村振兴战略的推进,大量治理资源以及事务下沉乡镇,传统管理体制的掣肘越来越明显。也正是在这一背景下,以执法力量下沉为显著标识的乡镇综合执法改革被提上日程,并在全国快速铺开。随之而来的是《行政处罚法》于2021年1月修订通过,并于2021年7月15日实施,其第二十四条明确了省级政府可将县级部门行使的行政处罚权交由乡

[①] 朱光磊、张志红:《"职责同构"批判》,《北京大学学报》(哲学社会科学版) 2005年第1期。

镇政府行使。然而，由于该法律条款并未明确执法权下沉到乡镇的方式是授权还是委托，因此，在实践中，授权与委托两种下沉方式并行。相较于授权，行政执法权委托不发生实质上职权职责、法律后果以及行政主体资格的转移，由此使得委托单位为化解责任风险，会强化对被委托单位的业务指导和监督，密切双方关系。对于缺乏执法经验的乡镇而言，执法权委托更易于"接得住"，因此，在具体的改革实践中，除法律明确授权外，大多数乡镇的执法权来自县直部门的委托。

执法权委托，虽没有改变其隶属关系，但是在行使方面发生了显著的变化，涉及作为"条"的县直部门与作为"块"的乡镇之间权责关系的调整。在这个过程中，乡镇希冀获得与其属地管理，尤其是中心工作相应的执法权（即使不完整），而县直部门则出于各种考虑（如法律责任、部门利益）而不愿委托实质性的执法权。这样，乡镇的诉权需求与县直部门的控权要求不可避免地产生矛盾。由于"条强块弱"的现实原因，乡镇执法权委托过程中可能会存在这样两种执法权：一是委托部门不愿行使的执法权；二是无关紧要的执法权。无论是哪种执法权，都会导致委托的不匹配性问题，即县直部门委托给乡镇的执法权难以有效匹配乡镇的属地管理职责。对于这些不匹配的执法权，乡镇即使承接了也不太会积极执行。在这个意义上来讲，"放得下"与"接得住"其实是一个问题的两个面向。要破解该问题，充分尊重乡镇政府的意愿、发挥乡镇的主体性就显得尤为关键。这也成为一些改革成效较为显著的地区推进执法权下沉的基本原则，如洪洞县采取"部门核，乡镇选，司法审"的方式，建立了"乡镇点菜，部门端菜"的放权赋权新模式。① 此外，由于资源禀赋不同，各乡镇

---

① 《洪洞县：全面提升乡镇综合行政执法效能》，全国党建网络联盟（http://www.sxdygbjy.gov.cn/ywdt/jzdt/art/2022/art_0cf6390785ac443b9ffd922ae7161b2a.html）。

的执法事项也会存在较大差异，由此导致它们对执法权类型的需求也不同。所以，差异化委托，也就成为一些地方推进执法权下沉的显著特征，如温州市按照派驻、赋权、"1+X"辐射3种形式，因地制宜推行四类赋权方式：第一类，探索全面赋权（综合行政执法事项目录+乡镇综合行政执法指导目录行政处罚权），对全国经济百强镇街予以全面赋权，实行镇街执法队和派驻部门集成一地办公；第二类，探索"部分赋权+部门派驻"联合执法，在经济发达镇街、小城市培育城镇实行部分赋权+部门派驻联合执法，有条件的地方实行集成一地办公；第三类，"1+X"派驻片区联合执法队辐射，主要在偏远山区海岛乡镇实行；第四类，特定区域试点"一支队伍管执法"。①

（二）"县编乡用"助力执法人员配备

乡镇能否承接得了来自县直部门下沉的执法权，一个关键性因素是专业化的人员能否配得齐。但由于乡镇政府长期以来执法权不足的现实，在人员编制有限的情况下，乡镇非但没有综合性的执法队，也几乎没有自己所属的执法人员。即使一些人员持有执法证，但也往往身兼数职，执法也仅是其工作的一部分，而非重点工作。如何化解这一结构性难题，成为摆在乡镇综合执法改革进程中的"拦路虎"。为破解该难题，有人建议通过招录公务员扩充乡镇人员队伍。且不论在编制硬约束的背景下，人员招录是否可行，单就执法的专业性而言，新招录的公务员短时间内也难以胜任复杂的执法工作。面对现实中的种种困境，部分地区创新工作思路，采用"县编乡用"的方式助力乡镇综合执法人员的配备。

"县编乡用"是指县政府统筹部分县直部门的执法力量，采用派驻的方式下沉到乡镇，下沉人员不改变原有的编制隶属关

---

① 严佳璐、钱菊香等：《奋力打造"大综合一体化"行政执法改革温州样板》，《浙江日报》2022年7月13日第25版。

系，仍属县直部门，但其工作关系在乡镇，并受乡镇政府的管理与统筹。在"县编乡用"模式的推动下，相当一部分乡镇的执法队人员构成主要有二：一是镇属专职人员；二是派驻人员。比如，山西省五台县在执法人员配备方面形成了"7+9+N"模式。其中，"7"是每个乡镇指定7人，专门从事综合行政执法；"9"是县级层面的市场、交通运输、应急、文化、自然资源、卫生健康、劳动监察、农业农村、城市管理9支执法队伍，每支队伍抽调至少1名专业人员，派驻乡镇综合行政执法队；"N"是除了县级层面管理的执法队伍，派驻乡镇的司法所、派出所、环保站（所）等统一协同乡镇执法。① 同样，壶关县也采取了类似的模式。该县的做法是：在乡镇综合行政执法办公室加挂"乡（镇）综合行政执法队"牌子，有效整合各乡镇综合行政执法队人员构成，组成人员包括各乡镇综合行政执法办公室人员，继续实行派驻体制的公安、司法、市场监管和自然资源等执法机构的人员和农业综合、交通运输、文化市场、应急管理、城市管理、卫生健康、劳动保障和生态环境等八个领域的派驻人员，执法力量得到有效充实，实现了"一支队伍管执法"。② 在执法人员管理方面，灵石县的做法较有代表性，其典型特征是"双重管理、差异化考核"。乡镇综合执法办公室成员是执法队的主要力量，管理和考核都在乡镇；派驻站所人员是执法队的辅助力量，党组织关系转入乡镇，实行双重管理，工作考核以乡镇为主；委托部门执法队包片人员是执法队的专业力量，实行双重管理，乡镇有建议调整权，实现"县乡联动、

---

① 王国梁、张志远：《一支队伍管执法 "握指成拳"强治理——五台县推进乡镇综合行政执法队伍改革 创建"五位一体"长效机制纪实》，《忻州日报》2022年6月14日第1版。
② 《壶关县乡镇"一支队伍管执法"提档加速》，山西司法行政网（http://sft.shanxi.gov.cn/zwyw_20182/jcdt/202206/t20220609_6311327.html）。

普专结合、一体运行"。①

采用派驻模式下沉执法力量，一方面在较大程度上弥补了乡镇执法力量不足，使其短时间内能够承接下沉的执法权；另一方面下沉人员在执法过程中也发挥着"传帮带"的作用，对乡镇所属的执法人员培训提供了有益的帮助。可以说，"县编乡用"模式可在短时间内打造一支较为有力的乡镇综合执法队，有效激活乡镇综合执法改革。

（三）智慧执法平台赋能乡镇综合执法

就顶层设计而言，乡镇综合执法改革的直接目的在于构建简约高效的乡镇管理体制。在此过程中，优化县、乡两级的条块关系尤为重要。但是，在县域条块关系由职能部门与县党委、政府的矛盾转化为职能部门与乡镇权责不匹配的矛盾，以及职能部门可在很大程度上支配乡镇的前提下，②作为"条"的职能部门与作为"块"的乡镇政府之间的关系则成为影响乡镇综合执法改革的关键性因素。破解乡镇综合执法改革进程中的条块关系，除了厘清双方的执法权外，还需数字赋权、赋能。这是因为，一方面，数字治理有助于跨部门合作，促进政府整合；另一方面，数字治理能够突围传统的科层制，促进治理扁平化，进而优化政府的纵向治理体系，促进差序结构的形成，弥合条块分割，推进整体政府进程。总而言之，在破解条块关系弊端方面，数字治理具有天然优势。

事实上，多数地区在推进乡镇综合执法改革过程中，往往会选择将智慧执法平台作为配套设施加以构建。构建执法对象信息电子地图，发挥电子监控的优势，是各地在进行数字赋能方面的普遍做法。比如，温州市柳市镇以智慧城市运营指挥中

---

① 王爱媛：《一支队伍管执法——灵石县以改革举措破解"一看三管"难题为乡镇综合执法赋能》，《晋中日报》2022年5月23日第1版。

② 杨华：《县乡中国：县域治理现代化》，中国人民大学出版社2022年版，第18—26页。

心为基础,成立镇行政执法指挥中心,与镇综合行政执法队融合运行,建立统筹协调指挥机制,整合调配使用各部门执法力量,全面推广应用大综合一体化执法监管,联通乐清市城市综合管理服务平台,整合公安大数据,开发建设 AI 视频分析、"微网智控"、"一店一档"、全息路网等个性化应用场景,充分利用物联网、大数据、人工智能等科技手段,实施远程监管,提升执法信息化流转、智慧化分析的能力水平。① 杭州拱宸桥街道的做法也与此相类似,该地探索了由执法对象、执法事项、AI 非现场执法、一体化掌上执法、区域化信用体系等 7 张清单和开创餐饮业"大综点评" 1 张榜单组成的"7＋1"模式运用,绘成了一批涵盖所有执法对象基础信息的电子地图及每家店铺相对应执法事项的清单,并通过"城市眼云共治""云上坦途"等已有平台,实现监管和管理闭环。②

二 盂县的初步改革

与国内多数地方一样,在中共中央办公厅、国务院办公厅出台《关于推进基层整合审批服务执法力量的实施意见》后,盂县结合本地实际紧锣密鼓地开展了以"一支队伍管执法"为显著特征的乡镇综合执法改革,赋权与赋能乡镇,推进基层治理体系和治理能力现代化。在近几年的改革实践中,盂县各乡镇综合执法呈现出了从无到有的转变,执法效果逐渐显现。当然,在取得诸多成绩的同时,当地乡镇综合执法改革亦有一些亟须解决的问题。

在改革之前,盂县各乡镇与全国大多数地方一样,几乎无执法权,镇域范围内的执法事项多由县直部门派驻的站所实施。

---

① 严佳璐、钱菊香等:《奋力打造"大综合一体化"行政执法改革温州样板》,《浙江日报》2022 年 7 月 13 日第 25 版。

② 陆群安、邱蓉:《杭州市拱墅区:争当"大综合执法一体化"改革排头兵》,《浙江日报》2021 年 7 月 11 日第 9 版。

因此，盂县的乡镇综合执法改革与全国大多数地方一样，其改革几乎是在毫无经验的前提下推进的。从某种程度上来说，乡镇综合执法改革之于盂县，与其说是诱致性制度变迁，倒不如说是强制性制度变迁。这是当地开展乡镇综合执法改革的逻辑起点，也正是因为这一点，盂县乡镇综合执法权改革呈现出了以县政府主导为核心特征的自上而下的建构进程。该建构进程，对于几乎无综合执法经验的各县镇来说是非常有必要的，进而有序推进了乡镇综合执法改革。

（一）改革框架清晰，委托有协商

在乡镇"一支队伍管执法"改革探索中，盂县本着制度先行的思路，强化顶层设计。2020年12月，中共盂县县委办公室、盂县人民政府办公室印发《关于深化乡镇机构改革推进基层整合审批服务执法力量的实施方案》，其重点内容之一就是"建立完善基层综合执法体制机制"，相应的改革要点主要有：整合重点领域内的执法，组织统一的乡镇综合执法队；建立健全乡镇统一指挥协调机制和快速响应、有效解决群众诉求的联合执法机制；强化乡镇综合执法队建设，加强业务指导、培训和行业监管。为配合乡镇综合执法改革，2021年3月，中共盂县县委机构编制委员会发布《关于尽快推进乡镇机构改革工作的通知》，其重点内容之一就是加强乡镇综合执法队伍建设。2021年7月，盂县人民政府办公室印发《关于加快推进综合行政执法改革的通知》，进一步强化了综合执法改革的制度供给，并组建了以县长担任组长的"盂县加快推进综合行政执法改革领导小组"。2022年4月，中共盂县全面深化改革委员会公布《关于推进乡镇综合行政执法改革工作的实施方案（试行）》，这是该县第一份以乡镇综合执法改革为主题的规范性文件。它对执法队伍、执法力量、执法机制、组织建构等均做了专门性规定。至此，该县形成了较为清晰的乡镇综合执法改革框架：执法权下沉至乡镇的方式主要为委托式；人员配置按照"3+3+N"的结构配置，并明确了每一乡镇执法队的人员数量要求。

执法权委托，是盂县乡镇综合执法改革过程中执法权下沉的基本方式。委托，是双方甚至是多方行为，而非某一部门的单方行为。因此，充分协商是执法权有效委托的基本前提。一定程度上讲，执法权清单很重要，但在此过程中的充分协商更为重要。只有如此，执法权下沉才能够真正落地，否则，极有可能出现执法权下沉的"悬浮"问题。在乡镇综合执法改革的进程中，盂县在厘清改革框架的基础上，组建了一个由司法局牵头、相关方积极参与的执法权委托协商平台，形成了执法权委托的基本机制：委托部门与受委托的乡镇签订书面委托协议，并报县司法局备案。委托协议应当载明委托事项、权限、期限、双方权利和义务、法律责任等；委托部门要将受委托的乡镇人民政府和受委托的事项及时向社会公布。在多方沟通协商的努力下，盂县共有8个部门对乡镇进行了执法权委托，涉及37项执法权，实现了执法委托的"零突破"。

（二）队伍初步搭建，执法有依托

在乡镇综合执法改革的进程中，尽管执法权下放是关键，但执法队伍搭建同样重要。可以说，人的问题直接关系到乡镇综合执法改革的成败。道理很简单，无论乡镇综合执法权在理论设计上有多么完美，但现实中没有专业化的执法队伍来实施，那么，改革将会沦为一纸空文。根据前述改革框架的建构，执法队伍组建同样是盂县乡镇综合执法改革的重要内容。

盂县以现有乡镇综合行政执法办公室为依托，整合乡镇各类执法力量，从组织建构与人员配置两个方面不断充实乡镇综合执法队伍。一方面，在组织架构上，乡镇综合行政执法办公室加挂乡镇综合行政执法队牌子，作为基层综合行政执法平台，负责统筹协调辖区内市场监管、交通运输、农业农村、文化旅游、生态环境保护、城市管理等各领域派驻的执法力量，以及公安等派出执法机构开展联合执法工作；组织开展对区域内各类专业执法的群众监督和社会监督，指定 1 名副乡（镇）长专管综合行政执法工作，担任综合行政执法队队长，不再参与其他分工。另一方面，在人员配置上，盂县统筹乡镇行政事业编制，推动执法力量下沉，探索采取"专兼结合"的方式，配齐配强乡镇综合行政执法人员。人员配备实行"3+3+N"模式，第一个"3"是指以乡镇综合行政执法办公室（乡镇综合行政执法队）行政人员为主体，按编制选优配齐；第二个"3"是从乡镇综合便民服务中心择优确定 3 名专职事业单位人员为辅助，配合完成乡镇综合行政执法工作；"N"是指公安、市场监管、自然资源、应急管理等执法部门，至少保证 2 名具有执法经验的骨干力量参与执法。基于这两个方面的统筹，盂县初步确立了执法人员队伍建构的目标：3 万人以上的乡镇综合行政执法人员原则上不低于 40 人；2 万人以上 3 万人以下的乡镇综合行政执法人员原则上不低于 30 人；2 万人以下的乡镇综合行政执法人员原则上不低于 20 人。

（三）执法共同体构建，执法有联合

推进乡镇综合执法改革，需要澄清一个误区，即乡镇层面的执法不是乡镇政府一家执法，联合执法同样需要。执法事项综合，是乡镇综合执法改革的重要内容，不过，由于执法本身的专业性，并非所有的执法事项都能够下放到乡镇政府层面。而且，由于各种历史及现实原因，乡镇政府缺乏必要的执法经验，是执法领域中的"小学生"，处于"干中学"的成长期。因此，渐进改革是乡镇综合执法改革的基本遵循。在相当长的一段时期内，乡镇所能够承接的执法事项是有限的。由此而言，多部门相互配合的联合执法仍具有现实客观性。这样，如何强化联合执法中的相互配合、提升联合执法的效果，就成为乡镇综合执法改革的又一重点内容。对于乡镇层面的联合执法，盂县主要从综合执法权厘清和人员考核机制重塑两个方面推动，前者以派驻站所跨乡镇执法为基本特征，后者以双向考核为显著标识。

针对乡村人口外流、服务对象缩减、执法人员编制有限等

现实困境，盂县执法部门整合现有执法力量，改革传统以乡镇为单位的站所派驻的模式，创造性地探索了跨乡镇的站所派驻模式。比如市场监督管理局，从 2019 年起改革了传统的"一乡（镇）一站"模式，采取了新的跨乡镇站所模式，每个站根据地理位置划分相应的片区，牛村镇所除了管理驻地的市场监督与执法外还要负责孙家庄镇、苌池镇等地的执法事项。目前，该局共有基层站所 8 个，各站所的人、财、物由市场监督管理局统一调配，人员编制在该局，现有编制为 49 人，实有 46 人。再比如应急管理站。根据就近原则，全县在 13 个乡镇设置了 5 个站所，每个站所一般管理两个乡镇的执法事项，最多不超过三个。据相关负责人介绍，应急管理站是盂县应急管理局的派驻机构，可以有效弥补局机关执法人员不能经常深入一线检查的不足。同时，应急管理站拥有执法权，可以有效解决乡镇（街道）安监站"只能检查、不能执法"的问题，切实做到隐患排查在一线、防灾减灾在一线、应急服务在一线、群众满意在一线。因此，与传统模式相比，跨片区式派驻模式不仅减少了财政支出，更明确了驻地站所的执法责任，强化了目标考核，进而在一定程度上规避了"条块分割"所带来的困境，有利于加强乡镇层面的行政执法。

如果说跨片区派驻整合了基层执法资源、打破了条块分割，为联合执法创造了组织上的便利，那么考核机制的变革更是将派驻站所与乡镇政府捆绑在一起，助力基层执法共同体的构建。在传统管理体制下，乡镇站所的人、财、物基本都是由派驻单位统一配置，受其管理；乡镇对其几乎没有实质性的管理权限。由此导致的一个结果是乡镇在调动派驻机构参与联合执法方面往往力不从心。盂县此次的派驻站所改革，在统筹片区划分的基层上，通过考核机制变革强化了乡镇对派驻机构的管理，着力打造基层执法共同体。变革后的驻地站所考核，重点在乡镇，"主要负责人任免要征求所在乡镇意见，以乡镇为主"（访谈资料：20220719BW）。通过这次改革，派驻站所更加看重其属地管理责任，"他首先考虑属地，属地可能更熟悉情况"（访谈资料：20220726LZ）。这样，在属地责任方面，乡镇与派驻机构有了高度的一致性，比如安全生产，"县里要考核安监站（现已取消——笔者注），也要考核乡镇，出了问题，两个都要问责"（访谈资料：20220726LA）。在共同的考核压力下，双方在联合执法方面具有了较强的动力，进而相互配合的联合执法机制基本建成，形成了较为稳固的乡镇执法共同体。

（四）执法为了服务，群众有认可

执法不是目的，提供优质的公共服务，保障人民群众的各项合法权益才是目的，盂县乡镇综合执法改革的根本目的就在于此。《关于推进乡镇综合行政执法改革工作的实施方案（试行）》中明确指出乡镇综合改革的目的在于为巩固拓展脱贫攻坚成果、推进乡村振兴、提升社会治理能力提供坚强的法治保障，为盂县全方位高质量发展创造和谐、稳定、有序的社会环境。在这一顶层设计的引导与规范下，乡镇层面的各执法人员逐渐形成了"七分服务，二分管理，一分执法"的执法理念，注重日常服务和管理，提升文明执法水平。当然，执法效果好与坏，作为执法受益者的民众更有发言权。表6-1反映了公众对乡镇综合执法改革效果的评价情况。由该表可发现，总体上而言，盂县乡镇综合执法改革获得了公众的广泛认可，改革初见成效。

表6-1　　　　乡镇综合执法效果公众评价　　　　（单位：%）

最近一年，乡镇执法队伍对违法占地建房的现象有没有进行过整治		最近一年，你们这里违章建房、违法采矿、违法经营等现象有没有变化		最近一年，您见过或听过乡镇乱执法的事情多吗		您觉得乡镇执法人员的态度文明不文明		您觉得乡镇执法队伍的能力强不强	
没整治	27.80	变少了	83.5	没有	91.8	很不文明	2.9	很差	5.4
						不太文明	3.9	较差	7.6

续表

最近一年，乡镇执法队伍对违法占地建房的现象有没有进行过整治		最近一年，你们这里违章建房、违法采矿、违法经营等现象有没有变化		最近一年，您见过或听过乡镇乱执法的事情多吗		您觉得乡镇执法人员的态度文明不文明		您觉得乡镇执法队伍的能力强不强	
力度小	30.40	没变化	12.2	很少	5.1	一般	15.7	一般	22.8
						比较文明	52.9	较好	42.4
力度大	41.80	变多了	4.3	很多	3.1	非常文明	24.5	很好	21.7

第三节 乡镇综合执法改革中的难题

在几年的时间里，盂县形成了乡镇综合执法改革的基本框架，一定程度上保障了执法权委托过程中的民主协商，形成了"3+3+N"执法队建构模式，乡镇执法共同体初步建立，进而获得了民众的广泛认可。在肯定这些成就的同时，我们也应看到，当地在推进乡镇综合执法改革方面仍存在一些需要重点攻克的难题，主要表现为两个方面：一是"权"的问题；二是"人"的问题。

一 执法权委托不畅，乡镇承接意愿较弱

委托授权与法律授权是执法权下沉的两种方式，其中，委托授权是主要方式。截至2022年，当地共有8个部门向乡镇进行了执法权委托，共计37项，实现了零的突破，但总体进展缓慢，存在县直部门不愿放权且乡镇不愿接权的尴尬局面。就其原因，主要有两个方面。

一是委托授权并非一种完整意义上的授权，执法权仍然归属于委托部门，执法责任亦由该部门承担。执法委托，看似规避了乡镇的责任，但是使得委托部门不敢轻易委托。

二是由于"条强块弱"的客观现实，乡镇在协商中往往处

于不对等地位，议价能力有限，以致参与多是象征性的。在下放权限的硬性要求下，委托部门为规避执法中可能出现的责任问题而采取选择性下放策略，将一些不太重要、专业性不强的执法权下放给乡镇。但这些执法权对乡镇来说，往往不是它们所急需的，因此，乡镇也不愿承担。

二 乡镇执法名实难相符，执法队伍短板突出

在执法权承接方面，乡镇存在两方面的短板：一是领导重视不够；二是人员队伍不强。

首先，领导重视，是推进乡镇综合执法改革的关键。领导重视，主要体现在领导亲抓方面。然而，盂县乡镇综合执法队伍建设的普遍性做法是乡镇副职担任执法队队长，与全国先进地区由正职担任队长的做法存有差距。以副乡镇长为队长的做法，不仅矮化了乡镇综合执法队的地位，还有可能带来法理困境。因为执法是以乡镇名义做出的而非以执法队的名义。而乡镇政府采取的是行政首长负责制。由此，副乡镇长为执法队队长与以乡镇名义执法的要求可能会存在较大张力。

其次，在执法队伍建设方面，乡镇的问题也较为突出。一方面，在"量"上存在严重短缺，根据"三定方案"，乡镇综合执法办公室编制为3人，但调查的两个乡镇都是由安监站的原临聘人员充任，无专职的行政编人员。另外，根据中央文件要求以及各地普遍做法，委托部门要派驻执法人员，但在调查期间，下沉人员尚未到位。由此，乡镇执法队伍形成了这样一种结构，即"兼职的执法队队长带领若干没有执法权的编外人员"。另一方面，"质"堪忧，乡镇拥有执法证的人员数量有限，而且这些公务员往往身兼数职，执法对其而言并非重点工作，然而，执法又是一项专业性极强的事务，需要执法人员全身心投入。这样，一对结构性矛盾就在执法人员身上产生，其结果往往是执法人员的专业性下降。另外，就委托部门下派执法人员来说，由于执法权委托尚未达成共识，人员下派也未进入实践环节。因此，总体来说乡镇执法队存在"量"与"质"的双重问题。

此外，执法队"物"的短期问题也较为突出，如除了南娄镇之外，其余乡镇几乎无执法车辆和执法记录。

第四节　综合执法改革的破题与深化建议

如何在实践中落实乡镇执法权、有效实施综合执法改革，是推进国家治理体系治理能力现代化过程中亟须研究的一个课题。为此，必须坚持问题导向，立足于综合执法改革的现状及困境剖析，探究问题的症结所在，充分吸收、借鉴其他地区执法改革的先进经验，采取有针对性和实操性的诊治策略，推动行政处罚权真正下沉到乡镇，进而促进基层行政执法规范化、基层社会治理精准化。基于中西部地区的特点，我们提出两套改革方案，供决策参考。

一　方案一：跨乡镇构建片区执法新模式

中西部地区由于受地方财政紧张、人口规模不大等因素的影响，不宜于以乡镇为单位全面组建和增加新的执法队伍，而宜以若干乡镇为片区单位，建立执法队伍和执法中心，作为县域综合执法机构等派出机构，由县直属直管，统一监管执法。此举，由于交通和通信手段等极大改善，具有较强的可行性。由于仅着力于县直部门之间的协调与统筹，可减少县直部门与乡镇之间等"条块矛盾"，减轻乡镇负担，提升执法的专业化与效能。由于机构和人员的精简，将极大节省人力成本和财政负担。

跨乡镇构建片区执法新模式的具体思路有以下几点。一是由县直诸行政执法单位合作，设立综合执法联席会议与办公室，牵头抓总、统筹协调。二是结合交通、民情和空间区位等条件，在县内分设若干执法片区，组建片区综合执法中心。片区综合执法中心直接受县综合执法联席会议及其办公室的领导，执法人员队伍由县直各执法单位派出，联合组建。执法人员受县综合执法联席会议及其办公室、县直执法部门的双重管理和考核。三是县直各执法单位的执法人员全部下沉，进入片区执法中心。

二 方案二：赋权乡镇，强化乡镇执法力量

参照国内多数地方的既有实践，以乡镇为单位下放执法权，组建乡镇执法队，具体思路如下。

（一）以赋权增能为基准点，建立权责明晰的执法体系

为破解乡镇"权小责大"的现实困境，积极推进行政执法权力向基层末梢延伸，提升基层服务和治理效能，需要积极深化事权划分改革，坚持差别化赋权，采取清单化管理，明晰执法边界，激发发展活力，着力构建职能明晰、协同高效、机制健全的基层执法新格局。

1. 科学划定执法事权，拓宽乡镇依法行政权力

深化事权划分改革，科学划定执法事项，是推动综合行政执法改革的关键所在。以新修订的《行政处罚法》为基础，全面、系统梳理行政处罚、行政强制等事项，及时清理缺乏法律依据、从未发生且无必要、重复交叉类执法事项，根据盂县各乡镇实际执法事项发生情况，梳理乡镇发生率高、迫切需要下放的执法事项，适时动态调整更新。积极搭建协商交流平台，充分征求乡镇、委托部门意见，合理设定下放权限。对与群众生产生活密切相关的事项，乡镇迫切需要且有能力承接的执法事项要加大放权力度，精准赋权。

持续深化扩权赋能改革，积极推行"乡镇点单+部门端菜"模式，梳理完善盂县乡镇管理亟须下放且有效承接的行政执法事项，整合执法内容、执法方式相近事项，按规定程序以签订

委托协议形式委托下放乡镇，进一步明确行政权力机关与受托机关的权利和义务。科学合理划定事项后，要坚持稳中求进、循序渐进、动态调整的原则，优先下放简易执法事项，加强对乡镇不适应、运转不通畅等执法事项的业务指导和规范培训，适时上收乡镇无力承接事项。

2. 完善权力清单制度，夯实乡镇依法行政基础

权力清单制度是深化行政执法体制改革、深入推进依法行政的重要一环。"一支队伍管执法"是综合行政执法改革的重要组成部分，应当以权力清单制度为引领，结合国内现有改革经验，不断完善权力清单，厘清县、乡权责边界，避免机构职责虚化。厘清县、乡权责边界，既要理清各主体间的执法权限，明确分工、找准重点，同时也要压实责任，推动执法资源由事前审批到执法全过程监管的转变。盂县可对乡镇现有执法事项、即将下放事项与行业主管部门的职责进行边界梳理，结合每个乡镇实际发展状况和已有执法资源，逐项明确乡镇与部门之间的监督管理、行政检查、行政处罚等职责分工，因地施策。同时，要继续加强法制审核建设，完善法制审核程序，针对不同性质的案件实行不同级别的审核。

就具体内容而言，完善权力清单制度可借鉴北京清单式执法模式。其主要做法是在县委、县政府的推动下，由法制办等相关部门牵头，联合各个部门，针对特定治理问题形成全链条的权力清单体系。权力清单具体包括问题清单、权责清单、绩效清单。问题清单主要通过乡村干部实地调查对问题进行全域、全方位、全链条的摸排，精准分类、精准执法，同时列入清单的问题要列入绩效考核。权责清单则明确规定执法主体如何行使职权，确保执法队伍用足、用尽、用准执法职权。绩效清单则记录执法队伍履职情况和治理效果，乡镇或其他牵头单位在综合执法过程中将各部门执法情况形成清单，作为考核依据，乡镇针对每一个问题根据执法情况进行销账。应当注意的是，

在明确县有关部门与乡镇的牵头责任和配合责任，厘清乡镇与区级部门职责边界时，要杜绝以签订"责任状"、分解下达指标、考核验收等方式将工作责任转嫁给乡镇，切实减轻基层负担。

（二）以资源下沉为支撑点，建设专业规范的执法队伍

乡镇依法行政的关键在于建设专业规范的执法队伍，既要统筹执法力量，保证资源充足，更要提升执法质量，用好队伍，规范执法行为，积极推进县乡综合行政执法工作提档升级，全力推动基层治理走深走实。

1. 优化资源配置，夯实执法力量

推进"一支队伍管执法"，真正下沉落地执法力量，需要按照"精简、统一、效能"的原则，整合执法机构和执法队伍，因地制宜优化执法力量配置，根据执法工作的特点，科学确定正式执法人员配备比例标准，严格按照规定进行招录，注重高素质执法人员的引进。合理安排和使用协管人员，除了要在数量上加以控制，还要明确协管人员工作范围及职能。按照新的改革目标重构执法队伍，一方面，要剥离分散的内设机构和所属单位的行政处罚及其相关的行政检查、行政强制职能，整合组建集中履行行政执法职能的综合行政执法队伍；另一方面，将综合行政执法队伍剥离并不再承担原综合行政执法机构的非行政执法职能。

在综合数量、人口、执法任务、繁复程度和各部门权力清单等基础上，评估各乡镇执法队伍人员和编制需求量，按照"人随编走，编随事走"原则，建立执法人员编制动态调整机制，探索执法类公务员的改革制度，从上往下跨层级调剂行政、事业编制给乡镇，充实一线执法力量，优先保障空编的乡镇及时补充人员，推动职务职级待遇保障、执法装备保障向基层一线执法人员倾斜。打破流通和身份的区域壁垒，拓宽下沉的管理人员向其他职能部门流动的渠道，上级职能部门统筹基层执法队员在不同乡镇之间有序转任交流，进一步优化队伍结构。

2. 强化教育培训，规范执法队伍

当前，行政执法改革面临的一个显著问题是乡镇接不住、用不好下放的执法权，执法过程中出现的准备不足、能力不足、应对不足情况严重制约了执法效率和改革进度。执法队伍思想认识不到位、专业知识欠缺、执法素质有待提升是造成这一困境的重要原因，对此应当加强教育培训。一方面要积极"走出去"，定期安排相关人员外出学习交流，并将其他地区先进的执法经验和专业知识及时传达给本部门或执法大队；另一方面要坚持"引进来"，开展县校、镇校合作，积极与国内知名高校法学院合作交流，采取"线上授课＋线下指导"的合作模式，围绕乡镇综合行政执法队伍建设开展法规政策专业化培训，帮助执法人员全面掌握办案方法、技巧等，提高办案能力，并作为改革课题进一步研究，提升基层治理法治化、专业化、规范化水平。

建立常态培训机制，围绕法治乡村建设和行政执法相关政策法律、行政执法程序和尺度、执法人员整体业务水平和能力等内容，建立"自主自学培训＋专项辅助培训"执法培训模式，组织开展乡镇行政权力运行管理、乡镇综合行政执法、执法资格考试培训。同时，将执法培训纳入全县干部培训计划，不断提升执法人员依法行政能力。

3. 加强组织领导，强化乡镇主体责任

深化基层行政执法改革涉及全县各行政执法部门和各行政执法人员，工作环节多，专业性强，工作量大。县级各行政执法部门和垂直管理的行政执法部门要切实负起责任，加强对改革工作的组织领导，主动与乡镇衔接，做好对下属乡镇执法工作的指导和督促。为切实解决基层治理中"看得见的管不了、管得了的看不见"的老大难问题，国内多个乡镇党委成立了综合行政执法党小组，主动扛起基层治理的主体责任，全面强化党组织引领带动作用和战斗堡垒作用。明确执法队队长由镇长担任，副队长由派出所所长和镇班子成员担任，成员由镇机关有执法资格的行政人员和辅助人员组成，进一步加强执法队伍力量，确保行政执法效率。

（三）以职能整合为着力点，构建"条抓块统"的执法机制

"条块结合"是新时期综合执法改革优化的必然要求。在推动人、财、物等执法资源下沉和相应职权下放时，"条块分割"会加剧乡镇执法权责的背离和基层治理难度。基层执法面临的众多专业问题需要充分发挥"条"的专业知识，同时也需要发挥"块"在地方性事务中的统筹管理优势。"条抓块统"才能有效地推进综合执法改革，进一步加强法治乡村建设。

1. 建立纵向联动与横向协同关系

"条"和"块"在基层执法过程中存在一定差异，当"条"直接面对社区居民和乡镇村民时，会缺少相应的综合管理和协调统筹能力，易造成基层执法碎片化；如果由"块"直接管理，则缺少相应的专业指导，易导致执法的模糊性。因此，需要发挥"条"和"块"各自的治理能力，建立纵向联动与横向协同的双重伙伴关系。北京市"街乡吹哨、部门报到"改革实践打破了纵向府际关系和横向部门协同的固有观念，建立了以街乡"块块"为主的协调条块关系的工作机制，即街乡发现本辖区内存在行政管理问题且需要通过执法方式予以消除的，有权力召集相关执法部门。执法召集制，有效发挥了乡镇政府在上下联动和横向协同方面的逆向施压作用和组织协调作用。

一方面，要及时给乡镇政府解绑，建立机构之间的平等关系，赋予乡镇吹哨权，建立纵向合作关系。县、乡两级要加强综合执法相关部门间的协作配合，推动乡镇与县直部门、乡镇与乡镇之间联动执法，有力提升依法行政效率。建立健全沟通配合和定期会商机制，根据不同层级政府部门的职责权限，及时帮助解决改革中出现的问题,强化综合执法改革工作的整体性、系统性和协调性。另一方面,需要充分发挥党建引领作用,以基层党建的形式强化"条块结合",以及各级党政一把手亲自抓改革、带头指挥意识,将更多的人力、物力资源向基层一线综合执法领域倾斜。

2. 完善考核评价和责任追究机制

科学合理的考核督查机制是规范行政执法行为、提高执法水平和服务质量的重要保障。在推进改革的过程中,执法权下沉后,县职能部门应当积极转变职能,理顺与乡镇执法大队之间的执法管理工作界面和任务清单,对发生率高、紧迫性的任务提出具体要求,明确责任主体、案件办理工作流程和结案标准。县职能部门要切实履行专业规划、业务指导、执法监督、综合监管和目标考核等职责,指导乡镇将执法力量进一步延伸到网格化管理前端,做强县级监管服务平台。严格落实权责清单制度,将乡镇权责清单执行情况纳入目标绩效考核、巡视巡察范围,根据实绩优奖劣惩。建立条块联席会议制度,针对乡镇执法工作中的重点难点问题及时进行研讨,针对问题处置情况建立落实反馈和责任追究机制。

赋予乡镇政府组织协调权和反向考核权,合理划分考核权重,建立以乡镇为主导的考核评价制度,弥补联合执法中的乡镇政府对于区县执法机构及职能部门缺乏约束力的弊端。上级职能部门执法人员下沉基层后,无形中加剧了属地政府行政压力,这需要保证事权和资源的一致性,在下沉执法事权的同时,人员、机构和财务等资源一并下沉到乡镇,由乡镇管理和考核。例如浙江嘉善县,将县级部门派驻机构人员划归镇(街道)管理,下沉人员与镇(街道)下属执法人员整合纳入各镇(街道)综合执法队,日常工作由各镇(街道)统一指挥,受镇(街道)管理考核、双向选任,打造"一支队伍管执法"新格局。

三　强化数字赋能：两种方案的共同支撑

信息技术在社会治理领域的推广应用，能够产生"数字红利"，改革的有效运转离不开信息化、智能化的支撑。以往传统靠人力执法模式已不再适应新时代乡村法治建设进程，执法权下放需要科学规划执法信息化建设总体布局，强化信息建设，打破"信息孤岛"，将执法信息化与执法规范化建设一体推进、融合发展。

（一）完善基层执法信息共享机制

深化综合执法改革后，乡镇政府面临大量下放的、专业的、复杂的执法事项，因此，将执法信息化与执法办案管理中心一体规划、一体建设、一体应用，优化执法程序、提升执法效率是当下亟须解决的问题。当前，浙江等地区在县域层面构建统一的综合执法智慧服务平台，开辟统一的法制审核服务板块，为赋权后的乡镇综合执法工作提供法制审核服务。县职能部门可以利用专业化优势，成立管理服务综合指挥中心，充分利用大数据技术，建立完善网格化运行监控平台、12345 平台及巡查任务系统的统计分析平台，优化指挥、调度、考核等工作，并以此为基础形成信息集成大平台。利用数字技术，开发网格化管理、指挥派单、数据分析共享等执法模式，充分实现与政府服务中心、乡镇执法队、县职能部门之间信息互通，共建共享，打通县直部门与乡镇之间、乡镇与乡镇之间的"数据围墙"和"管理壁垒"。

通过信息集成大平台建立信息数据收集、转化、处置、共享机制，群众、网格员、巡查员、执法队员等都可以作为信息收集者，发现问题上报执法队，简易问题执法队可以直接进行处置。对于长期高频率发生或性质复杂问题要及时上报指挥中心，实现数据对接，实现县、乡对管理信息的迅速便捷调阅、违法行为的协助认定、重大疑难个案的会商、复杂事务的联合整治等，违法行为处置结果要及时在线上进行反馈，优化建立线上协同接受、处置与推送流程，在平台上实现不同职能部门和执法大队的数据对接。借助信息系统和终端平台，利用信息技术积极推进执法改革，实现快速汇聚、快捷处置、快速反馈。

（二）深化电子监管执法模式应用

深化电子监管执法模式应用，一方面要加大对经济基础薄弱乡镇的技术设备支持；另一方面要积极发展乡镇产业，引导、鼓励乡镇招商引资，吸引企业加大对乡镇监管设备的投资，实现对乡村全方位的智能监管，特别要加大对违法犯罪率高的领域的监管。同时，要不断完善电子监管执法取证过程，线上线下相衔接，建立规范的电子监管执法处理过程，积极向社会公开电子监管执法流程。

信息技术正以其迅猛态势渗透于社会的方方面面，要大力推进智慧执法建设，使"信息技术 + 规范执法"成为推进执法改革、提升执法效能的重要支撑。要积极借鉴东部沿海地区智慧执法经验，结合本县各乡镇实际情况，利用信息技术监控日常行为、规范执法程序、完善数据管理。例如，浙江嘉兴干窑镇的"一体化办案指挥中心"创新开发了行政处罚办案全流程数字化监管平台，通过"执法办案区、案件管理区、涉案财物管理区"等功能区的模块化、数字化运行，突出"云预警、云巡查、云调查"的"三朵云"，构建"横向协同执法、纵向贯通管理、问题处置闭环"的"三个链条"，实现了指挥一体化、执法一体化、监督一体化。

（三）以网络为依托，构建全方位监督体系

法律靠执行而具有生命力，执法靠监督才更加规范。因此，要拓宽监督渠道、强化监督力度、打造全方位的监督体系，为深入推进基层执法改革保驾护航。要积极完善日常监管机制，形成常态长效的监督合力，构建"党内监督 + 司法监督 + 舆论监督 + 群众监督"全方位监督体系，画好基层执法监督"同心

圆"。一方面应当厘清权力事项，为各类执法权限定边界，做到清单之外无权力。同时要规范用权流程，为执法实践立规矩，做到执法可监督、可考核、可问责。在此过程中，要充分发挥党委全面监督、纪检监察专责监督、部门职能监督作用。

另一方面，充分借助网络信息技术，建立强大舆论监督反馈机制，积极为群众监督搭建平台。依托辖区内主要媒体电话、电子邮箱、留言系统征集执法问题线索，设立舆论监督工作沟通联系点，将所征集线索汇总反馈给相关执法单位，及时曝光"不执法""乱执法"等现象。利用"两微一端"，打造"阳光执法"等网络监督平台，把群众关心的执法事项"晒"在群众的眼皮子底下。同时完善群众"投诉建议"平台，着力解决群众"知情难""监督难""举报难"的问题。在此过程中，要加大宣传普及力度，让群众充分掌握监督平台和投诉流程，实现群众参与监督的常态化。执法人员在执行与群众密切相关的执法事项时，在不影响正常执法的情况下，允许群众围观拍摄，自觉接受监督，习惯在"镜头"下执法。

附 录

一 盂县县级干部访谈提纲介绍

盂县县级干部访谈提纲，包含 7 个不同专题，依据调研主题与调研对象的契合度来综合使用。每个专题的提纲，均包含访谈对象的个人基本情况与专题访谈提纲。

其中，个人基本情况包含受访者的性别、出生年份、出生地、文化程度、工作单位、政治面貌、工作年限、职务/职称、分管业务等。有关业务内容的访谈提纲如下。

(一) 城乡治理模式研究

▲采访部门：县委组织部、县委政法委、县发改委、县民政局、县城镇社区办事处；注意搜集有关分析文献、政策文件和工作总结（按照长时段搜集，尽量包含 1978 年以来）。

▲盂县经济社会整体数据，课题组派专人前往县统计局统一搜集县志史料（注意历时性）、统计年鉴（最新一年）、统计公报（1978 年以来）等。

A1. 就完善城乡基层治理工作，本县除了落实上级政府的政策外，是否根据本地情况制定过一些专项规划或政策？主要涉及哪些内容？有哪些预期目标？

A2. a. 您所在的部门参与制定过哪些县里有关乡村治理的政策或规划？

A2. b. 在此过程中，与其他部门之间的联系合作情况如何？

A2. c. 除政府各部门外，有没有其他社会主体（如企业、社会组织等）也参与了政策制定？如有，是哪些？它们分别发挥了何种作用？

A3. 近年来，特别是在山西省"基层治理能力提升年"的背景下，本县乡村治理有哪些特色的治理方式和经验？能否详细介绍一下其中有代表性的活动？与以往相比，这些活动在哪些方面进行了调整？有哪些创新之处？

A4. 在您看来，通过本县的各项完善基层治理活动，乡村相对于以前发生了哪些具体的变化？您可以举一些典型案例吗？（注意收集以下案例：一直以来治理得很好的村、一直以来治理得很差的村、之前治理得很好但是变差了的村、之前治理得不好但是变好了的村）

A5. a. 您所在的部门在盂县乡村治理中承担哪些责任？上级政府和部门如何对盂县的乡村治理的成效进行监督、检查和验收？成效好坏有何种奖惩？（访谈时注意条块关系）

A5. b. 您所在的部门如何对下级乡镇政府的乡村治理成效进行监督、检查和验收？成效好坏有何种奖惩？（访谈时注意条块关系）

A6. a. 在基层治理中，本县针对乡镇干部及村干部有哪些激励和约束措施？

A6. b. 近三年来，因违法乱纪被举报、处分的乡镇干部及村干部数量每年有多少？他们违法乱纪的主要原因是什么？受到了何种处罚？您可以列举一些典型案例吗？

A7. a. 您了解过本地村民对乡村治理的想法吗？在您看来，村民对本地乡村治理的现状是否满意，他们提出的问题与建议主要有哪些？

A7. b. 作为一名县级干部，您觉得目前的乡村治理还存在哪些问题？出现这些问题的原因是什么？如何克服这些困难？

您未来的工作期望是什么？

（二）"村改居"研究

▲采访部门：县发改委、县民政局、县城镇社区办事处、县农业农村局、县住房和城乡建设局；注意搜集有关分析文献、政策文件和工作总结（按照长时段搜集，尽量包含1978年以来），并访谈了解目前工作细节。

▲盂县经济社会整体数据，课题组派专人前往县统计局统一搜集县志史料（注意历时性）、统计年鉴（最新一年）、统计公报（1978年以来）等。

B1. 请您介绍一下盂县近几年的城乡社区发展规划，主要有何重大举措？遇到什么发展问题？

B2. a. 请介绍一下盂县近年"撤村并居""集中居住""拆迁安置"等相关工作的开展情况。在此过程中，遇到哪些问题？如何解决？（如居民反响、矛盾纠纷或群体性事件情况）

B2. b. 本县"村改居"主要有哪几种形式？其缘起与方式各有哪些？各自的特点有什么不一样？

B2. c. 推进"村改居"，是否会遇到"合村""征地拆迁安置"工作中的问题？从以前的工作经验或者就您的了解来看，"村改居"中村民和村干部最为关注的问题有哪些？

B3. a. 请介绍一下目前市里或县里有关"村改居"工作的思路、安排和进展等相关情况。

B3. b. 政府预期在"村改居"过程中，可能会遇到哪些重点难点问题？老百姓最关心的问题又有哪些？

B4. a. 请您介绍一下盂县城中村的整体情况。当时盂县出于何种考虑推进城中村工作？是否达到了预期效果？主要有哪些遗留问题？

B4. b. 政府预期哪些社区已符合推进"村改居"工作的条件？条件有哪些？请简单介绍一下这些社区的治理情况？（有哪

些重点难点治理问题）

B5 城中村的公共财政支出与公共服务供给情况介绍。

B5. a. 城中村的公共财政支出是多少？城中村的公共服务供给和投入主要集中在哪些方面？主要由谁来承担？预期推进"村改居"后的公共财政支出将由谁来承担？

B5. b. 当前，各城中村的公共服务供给的模式有哪些？（由谁供给？是否有服务外包？是否有企业参与进来？）预期"村改居"后，公共服务供给和投入可能在哪些方面发生变化？重点改善哪些事项？

B6. a. 请介绍一下目前盂县城中村的"三资"管理的整体情况（集体资产谁在管理？企业的运营情况？土地的性质和管理模式？出台的管理政策和规定？）。

B6. b. 在推进"村改居"工作中，政府已经或准备以哪些方式对"三资"问题改制？（村民的集体资产将如何处理？主要由谁进行管理？土地管理主体是否会发生变化？政企分开后，谁来管理企业？）

B7. a. 城中村社区管理体制基本情况的介绍：何种管理模式？现任村干部是通过何种方式产生的？绩效如何？民众的参与情况？基层党建情况？

B7. b. 当时的城中村为何保留了行政村体制？如今遇到了哪些治理困境？

B7. c. 推进"村改居"工作，政府预期直接采用城市社区管理体制与制度，还是采取渐进（过渡）方式逐渐转变村委会的管理体制？社区管理体制主要在哪些方面发生转变？（居委会的产生方式、职责范围；原有的村委班子将如何安置？）预期可以通过"村改居"解决哪些社区问题？或可以在哪些方面完善社区治理？

B8. 目前，在城中村社会治理中，除了政府之外，还有哪些社会主体参与了治理？它们主要涉及哪些治理事务？发挥了何种作用？政府预期在"村改居"推进中，这些社会主体能发挥何种作用？

B9. 针对城中村社区，开展了哪些文明实践或社区文化建设活动？

（三）农村党员发展研究

▲采访部门：县委组织部、县纪委监委；注意搜集有关分析文献、发展党员报表、政策文件和工作总结（按长时段搜集，尽量包含 1978 年以来），并访谈了解目前工作细节。

▲盂县经济社会整体数据，课题组派专人前往县统计局统一搜集县志史料（注意历时性）、统计年鉴（最新一年）、统计公报（1978 年以来）等。

C1. 请您介绍一下，在农村党员发展方面，有哪些发展比较好的乡镇和村（重点介绍 1—2 个）？有哪些不够完善的乡镇和村（重点介绍 1—2 个）？评价标准是什么？请介绍"好"的与"不完善"的标准。

C2. 请您介绍一下，发展青年党员相对较为困难的乡镇和村的基本情况及原因，其主要的难题有哪些？（最好可以再去到具体的乡镇/村，做一个深入访谈及案例追踪）

C3. 请您介绍一下，发展青年党员工作相对优秀的乡镇的基本情况及原因（同上）。

C4. 请您介绍一下县委组织部关于发展农村党员（青年党员）的具体规定，如发展标准、发展流程、发展责任划分及考核方法、激励奖惩措施及配套办法。（可举例介绍）

C5. 请您介绍一下：上级部门对于发展党员（青年党员）提出的年度目标任务及本级部门的工作计划？上级如何考察该项工作？完不成任务有何后果？（可再访谈负责具体事务的干部）

C6. 您认为本县在发展党员这方面的工作上存在什么困难，

出现这些问题的原因是什么？如何克服这些困难？您未来的工作期望是什么？

C7. 针对一些村发展党员难的问题，对村一级还有哪些建议？

C8. 县级党政部门是否与其他部门在农村人才引进、外出务工人才返乡创业、退伍军人、大学生、致富能人发展方面有合作？如果有，具体的措施是什么？

（四）村党组织书记管理研究

▲采访部门：县委组织部、县纪委监委、县民政局；注意搜集有关分析文献、政策文件和工作总结（按照长时段搜集，尽量包含 1978 年以来），并访谈了解目前工作细节。

▲盂县经济社会整体数据，课题组派专人前往县统计局统一搜集县志史料（注意历时性）、统计年鉴（最新一年）、统计公报（1978 年以来）等。

D1. 本县"头雁计划"推进情况如何？村党组织书记选、育、管情况，突出务实管用情况如何（可重点介绍正面负面党支部书记的案例）？取得实效的措施？有哪些难点问题？对于破除这些难点问题您有哪些思考？

D2. 本县村"两委"换届情况如何？（重点是前期准备情况、存在难题尤其是现阶段难以突破的、换届选举过程中存在的风险点，以及破解难题的办法及意见建议）

D3. a. 与 5 年前、10 年前相比，本县村党组织书记的人选来源有何变化？年龄结构有何特点？

D3. b. 在本县，村支书兼任村主任的情况如何，哪年开始的？此外，村支书一般还会兼任村里哪些职务（如经济合作组织董事长等）？这对村级治理分别有何影响？

D4. 本县对于选拔村党组织书记队伍进入乡镇班子，具体有哪些标准和流程？

D5. 本县对于村党组织书记的工作绩效考核中，有哪些奖惩机制？在实施奖惩机制后，是否有助于基层治理工作？体现在哪些方面？（可提供正、负面两种具体案例）

D6. 全县目前有多少驻村第一书记？他们分别来自哪些部门？他们年龄分布情况如何？他们任职年限是多久？其中科级以下干部有多少？副科级干部有多少？科级干部有多少？科级以上干部有多少？

D7. 驻村第一书记的具体工作职责有哪些？对第一书记有哪些考核制度？他们回到原单位一年内提拔的人数有多少？总体而言，他们的工作积极性如何？面临的主要困难有哪些？

D8. 驻村第一书记与村里原班子成员，尤其是村支书之间的关系怎样？是否有不同的关系类型？影响其关系的主要因素有哪些？应当怎么处理？

D9. 全县近五年有多少违纪的村支书？违纪的主要领域和问题是哪些？

D10. 您觉得，全县村支书群体与村民之间、与村干部之间的关系怎么样，近5年是否有变化？如有变化，原因有哪些？

D11. 现在有的地方在推进村支书职业化（专业化、进入政府编制），您觉得怎么样？其好处有哪些？是否有风险，有哪些？

D12. 每年针对村党支部书记举办的廉政教育有多少人次？具体的教育手段与内容有哪些？

（五）农村党员身份意识与作用发挥研究

▲采访部门：县委组织部、县纪委监委；注意搜集有关分析文献、政策文件和工作总结（按照长时段搜集，尽量包含1978年以来），并访谈了解目前工作细节。

▲盂县经济社会整体数据，课题组派专人前往县统计局统一搜集县志史料（注意历时性）、统计年鉴（最新一年）、统计

公报（1978年以来）等。

E1. 本县是否开展过（类似）"党员积分管理"的工作？何时开始的？

E2. 对"党员积分管理"，本县有哪些基本的设想（为何开展此项工作）？认为应该实现什么目标？

E3. 本县开展"党员积分管理"，目前取得了哪些成效？

E4. 本县开展"党员积分管理"，目前存在哪些困难？比如实际开展过程中，乡镇的困难与不同意见、村干部是否积极参与、普通党员是否接受。请您分别谈一谈。

E5. 本地（本市、本省）有"党员积分管理"的做法与经验吗？本次"党员积分管理"，希望与以前的做法有哪些不同与创新？

E6. 针对"党员积分管理"中，得分低、不及格的党员，我们能够有哪些措施进行负面处置？

E7. 针对"党员积分管理"中，得分高、优秀的党员，我们能够有哪些措施进行正面激励？

E8. "党员积分管理"中有不同的方面，包括常规工作、正面加分、负面扣分等，本县最在乎的工作中，哪些适合纳入党员积分体系？

E9. 近三年来，本县因为各种原因被党纪处分的党员数量每年有多少？其中，农村普通党员数量有多少？他们违纪的原因主要是什么？

E10. 在您看来，普通党员可以在哪些方面发挥模范带头作用？实际上他们发挥得怎么样？

E11. 在您看来，影响党员积极性和先锋作用的主要因素有哪些？还有哪些措施发挥其先锋作用？

（六）乡镇"一支队伍管执法"研究

▲采访部门：县司法局、县市场监督管理局、县生态环境

局、县城管局、县文旅局、县交通运输局、县农业农村局；注意搜集有关分析文献、政策文件和工作总结（按照长时段搜集，尽量包含1978年以来），并访谈了解目前工作细节。

▲盂县经济社会整体数据，课题组派专人前往县统计局统一搜集县志史料（注意历时性）、统计年鉴（最新一年）、统计公报（1978年以来）等。

F1. 围绕"一支队伍管执法"，本县出台了哪些主要文件？当时政策创新的背景是什么？

F2. "一支队伍管执法"改革后，本部门的职能有什么样的变化？这种变化各有什么好处和坏处？

F3. 本县综合行政执法改革以来，本部门行政执法事项清单是否已编制完毕并公开？是否有与其他部门交叉重复的事项？如果有，是否已或在进行动态调整？

F4. "一支队伍管执法"改革后，本部门与乡镇的政府的关系发生了什么样的变化？对于部门工作要求乡镇配合有什么样的影响？当前双方的协调机制有哪些（机制内容要详细）？取得哪些进展？还存在什么样的问题？应如何改进？

F5. "一支队伍管执法"改革后，本部门与乡镇执法队/中心是一种什么样的关系？双方是否建立了工作协调机制？机制的具体内容有哪些？双方协调还存在什么问题？有什么样的建议？

F6. 在一支队伍组建过程中，本部门是否派驻了人员？对派驻人员是如何管理的？部门对派驻人员的管理权限有哪些？对这些人员的管理存在哪些困难？下一步打算如何解决这些问题？

F7. 从当前的执法实践来看，您认为乡镇执法队能否"接得住、管得好"本部门下放的执法权？

F8. 本部门与乡镇有没有一体化的执法平台？如有，该平台是如何运作？效果怎么样？

F9. 就执法人员的资格管理和执法能力建设方面，本部门有哪些实际建设？开展了哪些专项活动？取得了怎样的效果？有什么实际困难？

F10. "一支队伍管执法"改革以来，本县与本部门在规避执法扰民方面，做了哪些建设与推进？

F11. 本县或本部门有没有开展城乡居民执法满意度评估反馈之类的活动？

F12. 您认为当前"一支队伍管执法"在基层落地，主要存在什么困难或问题？您有怎样的想法或建议？

（七）乡村人才引育留用研究

▲采访部门：县委组织部、县人社局、县教育局、县农业农村局、县文旅局；注意搜集有关分析文献、政策文件和工作总结（按照长时段搜集，尽量包含1978年以来），并访谈了解目前工作细节。

▲盂县经济社会整体数据，课题组派专人前往县统计局统一搜集县志史料（注意历时性）、统计年鉴（最新一年）、统计公报（1978年以来）等。

G1. 请问盂县现在的核心竞争力是什么？乡村在何位置（现在营收、主要利润、主要价值的来源、未来主要价值、主要贡献点的考虑）？未来盂县发展战略是什么？

G2. 本县有无乡村人才发展战略？由哪些要素组成（最关键的人才、最可能短缺的人才，人才供应链）？如何获得以上数据（正式的、非正式的）？

G3. 您（或您县/部门）采用什么领导策略和艺术实现战略目标？主要的关注点是什么？主要做了哪些工作？

G4. 您如何依赖您的领导机构？您对县人才领导小组满意吗？人才领导小组决策数量和质量如何？领导小组联席情况、运行情况如何？成功经验有哪些？困难又是什么？现在最想解决的领导机构问题是什么？是如何促进领导团队转型和能力培养的?

G5. 与上级人才工作部门的关系是怎样的?

G6. 您认为盂县人才领导小组对人才工作的重视程度如何?请具体举例,如其时间占比、关注点、口号等。

G7. 县人才工作团队共多少人?工作的职责和角色是什么?相互之间的合作情况怎样?有无可说的典型案例?

G8. 最近几年,县乡村人才振兴开展了哪些具体工作(乡村人才队伍建设情况,人才工作数字化情况,人才工作考核、监督和统计等工作)?目前本县乡村人才治理有哪些特色的治理方式和经验?能否详细介绍一下其中有代表性的活动?与以往相比,这些活动在哪些方面进行了调整?有哪些创新之处?人才工作数字化情况如何?

G9. 县人才专项基金从什么时候开始形成的?如何构成?使用情况如何?

G10. 在您进行乡村人才工作过程中,面临的主要问题和困难是什么?

G11. 本县(或您单位/部门)开展过针对人才群体和用人单位的调研吗?大家的满意度各是怎样的?主要的情况如何?

G12. 就您所知,本地民众对外来人才一般持有怎样的态度(如欢迎、包容或排斥等)?

G13. 对目前乡村人才工作,您满意吗?还需要在哪些方面进行完善?

二 盂县乡镇干部访谈提纲介绍

盂县乡镇干部访谈提纲,包含7个不同专题,依据调研主题与调研对象的契合度来综合使用。每个专题的提纲,均包含访谈对象的个人基本情况与专题访谈提纲。需要说明的是,此处的提纲为各乡镇统一使用的简版访谈提纲,各调研小组也将依据本组选题与调研乡镇实际状况进行更为丰富的访谈。

其中,个人基本情况包含受访者的性别、出生年份、出生地、文化程度、工作单位、政治面貌、工作年限、职务/职称、分管业务,以及受访人在乡镇的工作年数、累计工作过的乡镇数量、乡镇外的其他工作单位等信息。有关业务内容的访谈提纲如下。

(一)城乡治理模式研究

1. 在您看来,目前本镇在农村治理方面有哪些特色的治理方式和经验?(还可介绍一些具体的案例)

2. 在上面介绍的治理经验中,哪些是上级政府要求或推动的?哪些是本乡镇自己主动开展的?自己主动开展的工作,当时主要是出于怎样的考虑?

3. 您认为,当前在乡村治理实践中面临的主要挑战和困难有哪些?

4. 您觉得,本镇的乡村治理工作是否有需要改善和提高的地方?具体在哪些方面?您有哪些建议?

(二)"村改居"研究

1. 本镇是否开展过"采煤沉陷区综合治理搬迁""撤村并居""集中居住""拆迁安置"等相关工作?如果有,遇到的主要难题有哪些?

2. 本乡镇做处理上述难题的工作中,有哪些主要做法?经验与不足分别有哪些?您有什么建议?

3. 能否请介绍本镇各村集体资产的运营模式、经营状况和集体资产产权改革情况(开展情况和遇到的困难)?

(三)农村党员发展研究

1. 请您介绍一下,本乡镇党员发展工作比较好的村及其经验。

2. 您认为村党支部在发展党员这方面的工作上存在什么困难？

3. 出现这些问题的主要原因有哪些？

4. 对农村党员发展工作，您的主要建议有哪些？

（四）村党组织书记管理研究

1. 本镇的村党组织书记队伍的总体素质与作用状况如何？（可重点介绍正面、负面党支部书记的案例）

2. 与历史上的村支书队伍相比较，与实际工作的要求相比较，现在的村支书队伍的素质及其作用是否相适宜？其优点与缺点分别表现在哪些方面？

3. 为了管理好村党支书队伍，发挥好其作用，本乡镇从选任、管理、监督等方面做了哪些工作，效果怎样？有哪些主要经验与教训？

4. 您认为，在加强村党支书管理和使用方面，还应当做哪些工作？

（五）农村党员身份意识与作用发挥研究

1. 从您的经验看，本地进行党员积分制管理，乡镇干部会遇到的困难分别有哪些？（党员积分制执行过程中，可能遇到的问题、难点与实际问题，可以是对这一制度实现的意愿、能力与支持情况）

2. 如果搞"党员积分管理"，为了实事求是、起到实际效果，哪些方面最应该被纳入积分评价之中？

3. 如果搞"党员积分管理"，为了避免形式主义、防止折腾基层，哪些方面最不应该被纳入积分评价之中？

4. 怎样才能使基层普通党员在乎积分评价的结果？

5. 从本地治理实际需求看，普通党员可以在哪些方面参与进来，发挥模范带头作用？

(六) 乡镇"一支队伍管执法"研究

1. 近几年,不少地方在推进乡镇综合执法实践,也就是在乡镇由一支队伍来执法。你们乡镇在这方面的工作怎样?什么时候启动的?实际效果如何?这对乡镇工作重心与工作推进有何影响?

2. 请介绍乡镇综合执法队伍的机构设置与职能设定情况。

3. 乡镇与县职能部门、职能部门驻地所(站)的关系发生了怎样的变化?乡镇对执法队伍的管理权限有哪些?需要做哪些方面的改革?

4. 就您看来,本地居民对这一工作主要有哪些评价?批评主要集中在哪些方面?如要进一步获得民众的好评,还应做好哪些工作?

(七) 乡村人才引育留用研究

1. 一般地,人才队伍可通过外引、内育等方式来发展和建设。您认为,本乡镇在引人留人方面所做的主要工作主要有哪些?最有特色的人才项目和活动是什么?

2. 在您看来,本乡镇人才队伍的规模、结构和能力如何?是否能适应基层发展的需要?其主要的不足在哪些方面?

3. 本乡镇的引人留人最大优势是什么?最大的困境是什么?您认为最需推出的政策措施有哪些?

三 盂县村民/村干部调查问卷

为进一步了解普通村民与村干部对盂县基层党建工作与乡村治理的意见和看法,课题组设计了村民与村干部使用的个人问卷。为便于读者阅读,此处在保持问卷原貌的基础上对问卷内容做适当调整,未呈现与本书关联不大的题组。

问卷如下：

记录访问开始时间：2022 年＿＿月＿＿日＿＿＿时＿＿＿分（24 小时制）

第一部分

A1. 请问您是哪一年出生的？＿＿＿＿年

A2. 请访员记录受访者的性别： 1）男性　　2）女性

A3. 请问您现在的户口在哪里？

1）本村（社区）　　　2）本县其他村社

3）省内其他县市　　4）其他省：＿＿＿＿

A4. 请问您是农业户口吗？

1）农业户口　　2）非农业户口/居民户口

3）其他：＿＿＿＿＿

A5. 请问您在本村累计居住了多少年？＿＿＿＿年

A6. 您家庭的耕地状况：＿＿＿＿（可多选）

1）没有耕地　　　　　　2）有地，自家耕种

3）有地，他人耕种（未流转）　4）有地，流转给他人耕种

A7. a. 您家有＿＿处房产；

　　b. 其中在城里有＿＿处房产。

A8. 请问您现在的婚姻状况属于以下哪种：＿＿＿＿

1）未婚　　2）已婚　　3）离婚　　4）丧偶

A9. 请问您家现在有多少人在本地与您一起生活？＿＿＿＿人。（包含受访人在内）

（"一起生活"是指：平时在一起吃饭或在同一住房起居，不包含已分家的子女，不包含租住房屋的房客）

A10. 请问您是汉族还是少数民族？＿＿＿＿

1）汉族　2）少数民族：＿＿＿＿

A11. 请问您是否信仰宗教？如：＿＿＿＿

1）不信宗教　　2）佛教　　3）道教

4）民间信仰（如拜妈祖、关公等）　　5）回教/伊斯兰教
6）天主教　　　　7）基督教　　8）东正教
9）其他基督教　　10）犹太教　　11）印度教
12）其他：_____　　　　13）不回答

A12. a. 请问您的政治面貌？_____
1）共产党员（含预备党员）　　2）民主党派
3）共青团员　　　　　　　　　4）群众
5）入党积极分子　　　　　　　6）不回答
b.（如果是党员）加入共产党的时间是：_____年

A13. 您的教育程度是：_____
（访员请注意：每种教育程度均包含肄业、在读等情形）
1）没有受过任何教育　　2）私塾　　3）小学
4）初中　　5）职业高中　　6）普通高中
7）中专　　8）技校　　9）成人教育的大学专科、本科
10）正规全日制的大学专科、本科　　11）研究生及以上
12）不知道　　13）不回答

A14. a. 您现在正在做什么工作？_____（可多选）
1）务农种田（地）　　2）在本地的企业上班
3）到外地打工　　4）做生意、经商　　5）跑运输
6）搞建筑　　7）社区干部（村干部）　　8）管家务
9）教师、医生、律师、记者、工程师等专业技术类人员
10）政府干部　　11）集体企业负责人
12）自办私营企业　　13）参军　　14）学生
15）其他：_____

A14. b. 您曾经还做过哪些工作？_____（可多选）
1）务农种田（地）　　2）在本地的企业上班
3）到外地打工　　4）做生意、经商　　5）跑运输
6）搞建筑　　7）社区干部（村干部）　　8）管家务
9）教师、医生、律师、记者、工程师等专业技术类人员

10）政府干部　　11）集体企业负责人

12）自办私营企业　　13）参军　　14）学生

15）其他：_____

A15. 总体而言，您对本地的以下状况满意吗？

	非常不满意	不太满意	比较满意	非常满意	不适用	不知道	不回答
1. 政府办事效率和态度	1	2	3	4	5	6	7
2. 政府信息公开	1	2	3	4	5	6	7
3. 干部廉洁状况	1	2	3	4	5	6	7
4. 村委会选举	1	2	3	4	5	6	7
5. 土地确权	1	2	3	4	5	6	7
6. 脱贫工作	1	2	3	4	5	6	7
7. 产业扶持	1	2	3	4	5	6	7
8. 教育保障	1	2	3	4	5	6	7
9. 医疗保障	1	2	3	4	5	6	7
10. 养老保障	1	2	3	4	5	6	7
11. 住房保障	1	2	3	4	5	6	7
12. 文体服务	1	2	3	4	5	6	7
13. 基础设施建设	1	2	3	4	5	6	7
14. 卫生环境	1	2	3	4	5	6	7
15. 社会治安	1	2	3	4	5	6	7
16. 村集体资产管理	1	2	3	4	5	6	7
17. 村集体分红	1	2	3	4	5	6	7
18. 就业帮扶	1	2	3	4	5	6	7
19. 邻里关系	1	2	3	4	5	6	7
20. 本地人与外地人关系	1	2	3	4	5	6	7
21. 本村的发展前景	1	2	3	4	5	6	7

A16. 与 2019 年（新冠疫情前）相比，您家现在的经济情况是变得更好还是更差了？_____

1）更差了很多　　2）差了一些　　3）跟过去一样

4）好了一些　　5）变好了很多　　6）说不清

7）不知道　　　　8）不回答

A17. 和本地其他家庭相比，您觉得您家现在的经济状况属于哪一等？_____

1）下等　　2）中下等　　3）中等　　4）中上等

5）上等　　6）不知道　　7）不回答

A18. 您觉得今年您家的收入有可能会增加还是减少？_____

1）有可能减少　　2）有可能增加　　3）没有变化

4）不知道　　5）不回答

A19. 您家的孩子或孙子（女）现在哪里读小学或初中？_____

1）都在村里学校　　　　2）都在乡镇中心学校

3）都在县城以上学校　　4）前3种都有　　5）不适应

A20. 您在村里担任什么职务？_____（可多选）

1）村党支部书记　　　　2）村委会主任

3）村党支部副书记　　　4）村党支部委员

5）村委会副主任　　　　6）村委会委员

7）其他职务：_____　　8）普通村民

第二部分

B1. 近几年您参与过村里的一些公共活动吗？（如参加会议讨论、表决，向村干部提建议）_____

1）从未参与　　2）很少参与　　3）有时参与

4）经常参与　　5）不适用　　6）不回答

B2. 近几年您参与过村集体资产的管理活动吗？（如参加会议讨论、表决和提建议）_____

1）从未参与　　2）很少参与　　3）有时参与

4）经常参与　　5）不适用　　6）不回答

B3. 您觉得，现在普通村民愿不愿意参与村里事务？_____

1）非常不愿意　　　　2）不太愿意

3）比较愿意　　　4）非常愿意

B4. 您认为，解决农村问题是应该靠政府还是靠农民？_____

1）主要应靠政府　　　2）主要靠农民

3）要靠农民和政府合作　4）不知道

B5. a. 您希望本村改为城市的"社区居民委员会"吗？_____

1）非常不希望　2）不希望　3）无所谓

4）希望　5）非常希望　6）说不清

7）不知道　8）不回答

b. 追问：为什么呢？_____

_____

B6. 如果本村改为"社区居民委员会"，您想不想去竞争当居委会干部？_____

1）是　　2）否　　3）说不清

4）不知道　5）不回答

B7. 如果全村的人有条件搬迁到城里居住和生活，您愿意吗？_____

1）非常不愿意　　　2）不太愿意

3）比较愿意　　　　4）非常愿意

B8. 如果政府出钱，将本村村民全部向外搬迁安置，您更希望是哪一种方式？_____

1）各家到城里买商品房住

2）希望全村人一起到县城统一建房或买房

3）全村人一起到其他村的地方建房

4）希望在本村其他地方建房

5）不适用

B9. 如果有可能搬迁新房，请问您希望选择哪种房子？_____

1）四合院　　2）小二层（房）　　3）没有电梯的楼房

4）有电梯的楼房　　5）不适用

B10. 在您看来，什么人可以称为人才？请举例说说（追问两次："还有呢？"）

1）_____；2）_____；3）_____；

4）不知道

B11. 如果您家的孩子在太原、上海或北京读大学，您希不希望他毕业后回县里工作？_____

1）非常不希望　　2）不太希望　　3）比较希望

4）非常希望　　5）说不清

B12. 如果您家的孩子在外地有了比较好的工作，您希不希望他回到县里发展？_____

1）非常不希望　　2）不太希望　　3）比较希望

4）非常希望　　5）说不清

B13. 您觉得，本县对人才尊重不尊重？_____

1）非常不尊重　　2）不太尊重　　3）比较尊重

4）非常尊重　　5）不适用

B14. 您觉得，如果引进和重用外地来的人才会不会影响本地人才的发展？_____

1）很有可能　　2）比较有可能　　3）不太可能

4）完全不可能　　5）不适用

B15. 您觉得，人才在本县有没有用武之地？_____

1）没有　　2）有　　3）说不清

B16. 最近一年，你们这里的违章建房、违法采矿、违法经营等现象有没有变化？_____

1）变少了　　2）没变化　　3）变多了

4）不知道　　5）不回答

B17. 最近一年，乡镇执法队伍对违法占地建房的现象有没有进行过整治？_____

1）基本没整治　　2）整治力度很小　　3）整治力度很大

4）不知道　　　5）不回答

B18. 最近一年，您见过或听过乡镇乱执法的事情多吗？_____

1）没有　　2）很少　　3）很多

4）不知道　　5）不回答

B19. 您觉得乡镇执法队伍的能力强不强？_____

1）很差　　2）较差　　3）一般　　4）较好

5）很好　　6）不知道　　7）不回答

B20. 您觉得乡镇执法人员的态度文明不文明？_____

1）很不文明　　2）不太文明　　3）一般

4）比较文明　　5）非常文明　　6）不知道

7）不回答

B21. 现在，群众对违法行为的投诉举报方不方便？_____

1）不方便　　2）没变化　　3）很方便

4）不知道　　5）不回答

B22. 如果有群众看到乡镇干部乱执法而投诉，您认为会有用吗？_____

1）根本没用　　2）没多大用　　3）可能有用

4）比较管用　　5）非常管用　　6）不知道

7）不回答

第三部分

C1. 您同不同意下面这些说法？

	非常不同意	比较不同意	比较同意	非常同意	不懂题意	说不清	不回答
1. 子女不应该干涉家中长辈的自由	1	2	3	4	5	6	7
2. 家中长辈不应干涉子女的婚姻和工作	1	2	3	4	5	6	7

续表

	非常不同意	比较不同意	比较同意	非常同意	不懂题意	说不清	不回答
3. 应该允许个人与政府的想法不一致	1	2	3	4	5	6	7
4. 应当允许人们讨论国家大事	1	2	3	4	5	6	7
5. 人们有信仰宗教的自由	1	2	3	4	5	6	7
6. 发展经济这样的事情应交给市场去办，不应由政府来办	1	2	3	4	5	6	7
7. 任何人的财产都不是私人的，而应该是国家的	1	2	3	4	5	6	7
8. 应取消民营（私有）经济，专门发展集体和国有经济	1	2	3	4	5	6	7
9. 每个人的工作和岗位都应由政府来统一安排	1	2	3	4	5	6	7
10. 如果全国的商品（如牙膏）只让一家私人公司来生产或销售，你是否同意	1	2	3	4	5	6	7

C2. 如果您在一个民营企业（私人老板所办）上班，经常加班而不给加班费，您是否愿意？_____

1）非常不愿意　　2）不太愿意　　3）比较愿意

4）非常愿意　　5）不懂题意

6）说不清　　　7）不回答

C3. 您同不同意下面这些说法？

	非常不同意	比较不同意	比较同意	非常同意	不懂题意	说不清	不回答
1. 我是自己决定自己的生活目标	1	2	3	4	5	6	7
2. 当我完成目标、任务时，我会感到自由	1	2	3	4	5	6	7
3. 做人做事不能太讲原则，应随大流	1	2	3	4	5	6	7

续表

	非常不同意	比较不同意	比较同意	非常同意	不懂题意	说不清	不回答
4. 对我来说，不依赖别人，自己做决定最重要	1	2	3	4	5	6	7
5. 管理国家是党和政府的事，老百姓不必参与	1	2	3	4	5	6	7
6. 只要法律与政策落实得好，老百姓就不需要参与	1	2	3	4	5	6	7
7. 每个人在遭遇失业时，都应该获得政府的救助	1	2	3	4	5	6	7
8. 无论家庭条件怎样，每个人都有接受教育的权利	1	2	3	4	5	6	7
9. 每个人都应该自主支配自己的财产	1	2	3	4	5	6	7
10. 每个人都应有自主选择职业的权利	1	2	3	4	5	6	7

C4. 您平时会收听、收看或者阅读有关社会政治新闻吗？_____

1）从来不看　　2）每周不到一次　　3）每周一两次

4）每周多次　　5）每天一次　　　　6）每天多次

7）不适用　　　8）不回答

C5. 您相信电视、广播、报纸上的新闻吗？_____

1）完全不相信　　2）不太相信　　　3）大部分相信

4）完全相信　　　5）不看新闻　　　6）不知道

7）拒绝回答

C6. 您使用互联网吗（如用电脑或手机上网）？_____

1）从来不用　　2）每周不到一次　　3）每周一两次

4）每周多次　　5）每天一次　　　　6）每天多次

7）不适用　　　8）不回答

C7. 您经常在微信群或微信朋友圈发言吗？_____

1）从不发言　　2）较少发言　　　　3）时常发言

4）发言很多　　5）不适用　　6）不回答

C8. 在过去的一年，您和您的家人是否遇到过以下情况？_____

　　a. 由于犯罪率较高，在家感到不安全：_____

　　1）没有遇到　　2）遇到过

　　b. 有病但没有钱去看：_____

　　1）没有遇到　　2）遇到过

　　c. 孩子没钱上学：_____

　　1）没有遇到　　2）遇到过

C9. 您同不同意下面这些说法？

	非常不同意	比较不同意	比较同意	非常同意	不懂题意	说不清	不回答
1. 努力不一定成功，运气和关系更重要	1	2	3	4	5	6	7
2. 父母的要求即使不合理，子女也应该照着去做	1	2	3	4	5	6	7
3. 学生不应该质疑老师的权威	1	2	3	4	5	6	7
4. 婆媳闹矛盾时，即使婆婆不对，丈夫也应该劝妻子听婆婆的话	1	2	3	4	5	6	7

第四部分

D1. 您认为，发展群众入党（共产党），最应该看重哪一条？_____（限选1项）

　　1）文化程度高　　2）工作能力强　　3）有公心

　　4）能致富　　5）年轻　　6）不知道

　　7）不回答

D2. 在您看来，现实中农村什么人更容易入党？_____

　　1）村干部的家人和亲戚

　　2）和村干部私交好的人（但不是亲戚）

3）有钱的人　　4）德才兼备的人

5）其他：_____　6）不知道

7）不回答

D3. 现在农村发展群众入党的工作，您觉得公道不公道？_____

1）非常不公道　　2）不太公道　　3）比较公道

4）非常公道　　5）不知道　　6）不回答

D4. 您觉得，发展党员的工作应不应该接受群众的监督？_____

1）应该　　2）不应该　　3）不知道　　4）不回答

D5. 假如您不是党员，您现在愿不愿意入党？_____

1）非常想　　2）比较想　　3）不大想

4）很不想　　5）不知道　　6）不回答

D6. 在您看来，现在多数年轻有为的群众愿不愿意入党？_____

1）非常想　　2）比较想　　3）不大想

4）很不想　　5）不知道　　6）不回答

D7. 在您看来，很想入党的人，他们主要是为了什么？_____

1）想为大家做公事　　2）想为个人谋利益

3）两者都有　　4）其他：_____

5）不知道　　6）不回答

D8. 日常生活中，您会有以下感受吗？请您按照自己的真实感受来回答。

	非常不同意	比较不同意	比较同意	非常同意	不懂题意	说不清	不回答
1. 我知道自己身边哪些人是党员	1	2	3	4	5	6	7
2. 我觉得党员和普通群众确实不一样	1	2	3	4	5	6	7

续表

	非常不同意	比较不同意	比较同意	非常同意	不懂题意	说不清	不回答
3. 我觉得党员比普通群众更有能力参与公共事务	1	2	3	4	5	6	7
4. 我觉得党员比普通群众会更积极参与公共事务	1	2	3	4	5	6	7
5. 我觉得党员的确为村里公共事务做了贡献	1	2	3	4	5	6	7
6. 我发现普通党员平时很少提到自己的党员身份	1	2	3	4	5	6	7
7. 我觉得我们村的普通党员能起到模范带头作用	1	2	3	4	5	6	7

D9. 您认为，村党组织在近几年疫情防控中的表现如何？_____

1）没有发挥什么作用　　2）管得过多，适得其反
3）成绩突出　　　　　　4）还可以
5）不知道　　　　　　　6）不回答

D10. 您认为共产党有没有能力解决我国遇到的各种重大问题？_____

1）完全不能　　2）不太能够　　3）比较能够
4）完全能够　　5）不知道　　　6）不回答

D11. 您觉得，现在要当官、要提拔，最关键的因素有哪三个？

1）_____　　2）_____
3）_____　　4）不知道

D12. 您觉得，现在任用干部的风气怎样？_____

1）很不正　　2）不太正　　3）还过得去
4）比较正　　5）很正　　　6）其他：_____
7）不知道　　8）不回答

D13. 您觉得，现在我们党有多少党员能符合共产党人的标准？_____

1）没有一个符合　　2）比较少人符合　　3）半数人符合

4）比较多人符合　　5）大多数人符合　　6）全部符合

7）不知道　　　　　8）不回答

D14. 您觉得目前我们国家的腐败情况严重不严重？_____

1）依然严重　　　2）不太严重　　3）越来越好

4）不知道　　　　5）不回答

第五部分（仅询问党员）

询问"您是党员吗？"如是，则继续询问。如不是，则直接跳到最后 1 页，问 E13。

E1. 您认为现在党员在党内生活中能否说真话？_____

1）能说真话，没有顾虑

2）基本能说真话，但有所保留

3）不敢说真话，怕打击报复

4）什么都不说，说了没用

E2. 您所在党支部的活动怎么样？_____

1）生动活泼，形式多样　　2）常规做法，效果还可以

3）循规蹈矩，缺少活力　　4）做表面文章，无实际效果

E3. 您认为中共党员的下列权利落实得怎样？

a. 知情权：_____

1）非常不好　　2）不太好　　3）还好　　4）非常好

b. 参与权：_____

1）非常不好　　2）不太好　　3）还好　　4）非常好

c. 选举权：_____

1）非常不好　　2）不太好　　3）还好　　4）非常好

d. 被选举权：_____

1）非常不好　　2）不太好　　3）还好　　4）非常好

e. 监督权：_____

1）非常不好　　2）不太好　　3）还好　　4）非常好

E4. 您觉得近年来党内的思想教育活动开展得怎么样？

a. 次数/频率：_____

1）非常少　　2）比较少　　3）适中

4）比较多　　5）太多了

b. 形式：_____

1）非常单一　　2）比较单一　　3）适中

4）比较丰富　　5）非常丰富

c. 效果：_____

1）非常差　　2）比较差　　3）一般

4）比较好　　5）非常好

E5. 您认为在地方党组织，谁的意见和决定应该是最重要的？_____

1）党委会　　2）党员大会/党代表会议　　3）党委书记

4）其他：_____

E6. 如果发现其他党员犯有很小的错误，您觉得应该怎么办？_____

1）在党支部里批评帮助他　　2）向上级党组织反映

3）私下指出来　　　　　　　4）装作不知道

E7. 您认为，对党员的如下情况，党组织应不应该介入和管理？

a. 党员的政治立场：_____

1）不应该　　2）应该　　3）不清楚

b. 党员的财产状况：_____

1）不应该　　2）应该　　3）不清楚

c. 党员的生活方式：_____

1）不应该　　2）应该　　3）不清楚

d. 党员的社会关系：_____

1）不应该　　2）应该　　3）不清楚

e. 党员的个人思想：_____

1）不应该　　2）应该　　3）不清楚

f. 党员的理想信念：_____

1）不应该　　2）应该　　3）不清楚

E8. 党为了实现工作目标，要求党员个人做出任何牺牲。您认为，是不是应该的？_____

1）非常不应该　　2）不太应该　　3）应该　　4）非常应该

E9. 您认为，对党员的教育应不应该采取强制性方式（如以学习强国等软件实行积分考核、党支部开展签到式的集体学习）？_____

1）应该　　2）不应该　　3）说不清楚

E10. 您认为，当党员对上级党组织的决策有不同意见时，应不应该向党组织反映？_____

1）应该　　2）不应该　　3）说不清楚

E11. 党员应不应该每天都佩戴党徽？_____

1）没有必要　　2）很有必要　　3）无所谓

E12. 党员应不应该经常去参观瞻仰先锋模范雕像、烈士陵园、党史纪念馆？_____

1）应该　　2）不应该　　3）说不清楚

E13. 您认为本地有哪些事项是迫切需要解决的：_____
_____

请记录访问结束时间：_____月_____日_____时_____分（24 小时制）

参考文献

一 专著类

习近平：《在基层代表座谈会上的讲话》，人民出版社2020年版。

胡汝银：《低效率经济学：集权体制理论的重新思考》，格致出版社2014年版。

景跃进：《当代中国农村"两委关系"的微观解析与宏观透视》，中央文献出版社2004年版。

《十八大以来重要文献选编》（上），中央文献出版社2014年版。

《十九大以来重要文献选编》（上），中央文献出版社2019年版。

魏后凯：《中国乡村振兴综合调查研究报告（2021）》，中国社会科学出版社2022年版。

肖唐镖：《技术型治理的基层实践——中国城乡基层治理研究》，天津人民出版社2020年版。

杨华：《县乡中国：县域治理现代化》，中国人民大学出版社2022年版。

《盂县教育年鉴》，山西人民出版社2016年版。

周少来：《乡村治理：结构之变与问题应对》，中国社会科学出版社2018年版。

［美］费正清：《费正清论中国：中国新史》，薛绚译，正中书局1994年版。

二 期刊类

习近平:《坚持把解决好"三农"问题作为全党工作重中之重 举全党全社会之力推动乡村振兴》,《求是》2022年第7期。

包雅钧:《百年党史如何塑造中国——〈从反抗者到执政者：中国共产党的一百年〉评介》,《国家现代化研究》2022年第3期。

曹正汉:《一统体制的内在矛盾与条块关系》,《社会》2020年第4期。

陈明明:《双重逻辑交互作用中的党治与法治》,《学术月刊》2019年第1期。

陈明明:《中国政府原理的集权之维：历史与现代化》,《公共管理与政策评论》2021年第1期。

韩柯子:《以县城为重要载体的城镇化：逻辑、约束与路径》,《探索》2022年第4期。

李实:《中国特色社会主义收入分配问题》,《政治经济学评论》2020年第1期。

欧阳静:《简约治理：超越科层化的乡村治理现代化》,《中国社会科学》2022年第3期。

沈费伟:《数字乡村韧性治理的建构逻辑与创新路径》,《求实》2021年第5期。

谭元斌、韩朝阳、陈春园、史卫燕:《全职村干部,官瘾有多大》,《半月谈》2022年第8期。

唐皇凤、王豪:《可控的韧性治理：新时代基层治理现代化的模式选择》,《探索与争鸣》2019年第12期。

杨贵华:《城市化进程中的"村改居"社区居委会建设》,《社会科学》2012年第11期。

姚伟、吴莎:《复合治理：一个理论框架及其初步应用》,《理论界》2017年第6期。

周飞舟:《从汲取型政权到"悬浮型"政权——税费改革对国家与农民关系之影响》,《社会学研究》2006年第3期。

周雪光:《权威体制与有效治理:当代中国国家治理的制度逻辑》,《开放时代》2011年第10期。

朱光磊、张志红:《"职责同构"批判》,《北京大学学报》(哲学社会科学版)2005年第1期。

三 报纸类

王国梁、张志远:《一支队伍管执法 "握指成拳"强治理——五台县推进乡镇综合行政执法队伍改革创建"五位一体"长效机制纪实》,《忻州日报》2022年6月14日第1版。

孟献丽:《不忘初心 强化党员身份意识》,《光明日报》2018年2月27日第5版。

陆群安、邱蓉:《杭州市拱墅区:争当"大综合执法一体化"改革排头兵》,《浙江日报》2021年7月11日第9版。

《强化党建引领基层治理 构建为民服务全新体系——访盂县县委书记梁海昌》,《阳泉日报》2022年4月18日第1版。

王爱媛:《一支队伍管执法——灵石县以改革举措破解"一看三管"难题为乡镇综合执法赋能》,《晋中日报》2022年5月23日第1版。

《2021年度人力资源和社会保障事业发展统计公报》,《中国组织人事报》2022年6月8日第4版。

严佳璐、钱菊香等:《奋力打造"大综合一体化"行政执法改革温州样板》,《浙江日报》2022年7月13日第25版。

后　　记

本书由南京大学公共事务与地方治理研究中心主任、政府管理学院教授肖唐镖及其研究团队、合作伙伴与中共盂县委员会组织部联合，经由对盂县的全面调研而完成。肖唐镖教授主持设计研究计划、调研实施与写作大纲，以及最后的统筹、定稿和审定等工作。余泓波博士协助完成本书的整合与统稿工作。

承担本书撰写工作的人员分别如下：导论，肖唐镖（南京大学政府管理学院教授）；第一章，肖唐镖、刘文超（南京大学政治学博士生）、姚顺雨（南京大学政治学博士生）、周治强（南京大学政治学硕士、清华大学政治学博士生）；第二章，肖唐镖、林健（南京大学政治学博士生）、邵翊铭（南京大学政治学硕士生）、王昆（武汉大学政治学博士生）；第三章，王艳军（山东省委党校副教授、南京大学政治学博士生）、陈文君（江苏省委党校教师、南京大学政治学博士）、郭军琦（南京大学政治学博士生）、鲁津妤（南京大学政治学博士生）；第四章，余泓波（南京师范大学公共管理学院副教授、南京大学政治学博士）、邓玉静（中山大学公共管理专业博士生）；第五章，姜亦炜（湖州师范学院行政管理系副教授、南京大学政治学博士）、吴坚（湖州师范学院经济管理学院副教授）、马诗佳（湖州师范学院马克思主义学院硕士生）；第六章，刘元贺（西南政法大学政治与公共管理学院教师、南京大学政治学博士)、孔卫拿(安徽师范大学马克思主义学院副教授)、雷霞(西南政法大学政治与公共管理学院博士生)。孔卫拿、余泓波、王鑫(江苏省委党校教师、南京大学政治学博士)、刘元贺、肖龙(延安大学政法与公共管理学院副教授、南京大学政治学博士)、姜亦炜、陈玮(南京大学政府管理学院教师)、王艳军、陈文君、林健、刘文超、郭军琦、鲁津好等还协助承担了课题设计、调研培训、率队调研、数据处理与稿件校订等大量辛苦工作。

参加为期15天田野调查与数据采集的人员,除了上述研究者外,还有庞康(浙江师范大学法学院教师、南京大学政治学博士)、雷志春(华中科技大学马克思主义学院教师)、续聆毓(安徽大学社会与政治学院教师)、王友叶(安徽大学社会与政治学院博士后研究人员)、邹建平(南京大学政治学博士生)、周世琦(南京大学政治学博士生)、徐子涵(南京大学政治学博士生)、吴崎杉(南京大学政治学硕士生)、王宜扬(南京大学政府管理学院本科生)、王鹏艳(延安大学政法与公共管理学院硕士生)、谷雨(安徽大学社会与政治学院科研助理)、吴中铭(南京师范大学公共管理学院本科生)、吕心竹(南京师范大学公共管理学院本科生)、张自豪(南京师范大学公共管理学院本科生)、周竺玮琪(湖州师范学院人文学院硕士生)、李卓洋(湖州师范学院经济管理学院本科生)、汪冯新(湖州师范学院经济管理学院本科生)、马浩然(西安财经大学经济学院本科生)、陈瑶(湖州师范学院经济管理学院本科生)、陈福来(西南政法大学政治与公共管理学院硕士生)、王权生(西南政法大学政治与公共管理学院硕士生)、李佳慧(安徽师范大学社会保障硕士生),刘蓉婕(安徽师范大学社会保障硕士生)等。

本书得到了国家社会科学基金重大项目研究专项"健全自治、法治、德治相结合的乡村治理体系研究"(18VZL002)

的支持。本书的顺利完成，得到中共盂县委员会和盂县人民政府等的大力支持，还曾获盂县同志的校正和审定，在此一并致谢。

肖唐镖
2023 年 12 月